Gaelsaíocht

san Idirbhliain

Gearoidín Ní Dhuibhir

Published in 2013 by
Mentor Books
• 43 Furze Road • Sandyford Industrial Estate • Dublin 18
Tel: 01–2952 112 / 3 • Fax: 01–2952 114
Website: www.mentorbooks.ie
email: admin@mentorbooks.ie

Edited by: Una Whelan
Design & Layout: Kathryn O'Sullivan
Illustrations by: Nicola Sedgwick
An Táin Graphic Novel illustrated by Nicola Sedgwick

ISBN: 978-1-909417-10-6

3 5 7 9 10 8 6 4 2

Clár

Clár

Do Bhrian, fear uasal a bhain spórt is spraoi as a chúpla focal i gcónaí. Braithim uaim gach lá tú.

Gabhann Gearoidín Ní Dhuibhir fíor-bhuíochas lena beirt iníonacha a thugann tacaíocht is misneach di i gcónaí, lena cairde as a bhfoighne agus le gach duine i Mentor a chabhraigh léi agus an saothar seo idir lámha aici.

Admhálacha

Ba mhaith leis an bhfoilsitheoir buíochas a ghabháil leis an bhfile, na húdair agus an bhfoilsitheoir seo a leanas as ucht cead a fháil na sleachta agus an dán, ar leo an cóipcheart, a athfhoilsiú sa leabhar seo:

Cló Iar-Chonnachta le haghaidh 'Jack' le Máire Mhac an tSaoi agus sleachta as an úrscéal *Ar ais arís* le Muireann Ní Bhrolcháin; Micheál Ó Ruairc le haghaidh sleachta as *An bhfaca éinne agaibh Roy Keane?*

Buíochas le Katie Doyle agus EIL Intercultural Learning; TG4; Raidió Rí-Rá; Dough Productions le haghaidh fráma socair ón scannán *Yu Ming Is Ainm Dom*; agus Fíbín le haghaidh an ghrianghraif ó *Finscéal Fíbín* wwwfibin.com.

Féiniúlacht

Clár

Léigh é!

Tóg nóiméad chun an píosa seo a léamh go ciúin tú féin. Tá na focail dheacra, atá i gcló dubh, mínithe sa ghluais (*glossary*) thíos. Ansin freagair na ceisteanna a leanann i do chóipleabhar.

Na Ceiltigh

Má rugadh tú féin is do thuistí in Éirinn gach seans gur Ceilteach tú. Ach, cérbh iad na Ceiltigh agus cad as ar tháinig siad?

Bhuel, níl a fhios againn **go cinnte cad as** nó cathain **go díreach** ar tháinig na Ceiltigh go hÉirinn. Ceaptar gur **threibh** iad a tháinig ón **Eoraip Thiar Theas** timpeall 750–100 BC. Bhí **clú agus cáil** orthu mar **laochra**, mar **throdairí**, mar cheoltóirí is scéalaithe, agus nuair a tháinig siad go hÉirinn thug siad leo cultúr saibhir atá fós beo inniu.

Gluais

bhuel: well
go cinnte: for sure
cad as: from where

go díreach: exactly
treibh: tribe
Eoraip Thiar Theas: SW Europe

clú agus cáil: famous
laochra: warriors / heroes
trodairí: fighters

Ceisteanna

1. Cathain a cheaptar gur tháinig na Ceiltigh go hÉireann?
2. Cén cháil a bhí orthu?
3. Cad ar thug siad leo?
4. An Ceilteach tusa? Cén fáth?

Bí ag caint!

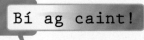

Cad is brí le 'cultúr'?

1. Ag obair leis an dalta in aice leat, féach ar na tíortha seo a leanas agus abair trí rud a ritheann leat maidir le cultúr gach tíre. Bí réidh do thuairimí a rá os comhair an ranga.

SAMPLA
An India: Curaí, An Taj Mahal, Bollywood
An Bhraisil: Samba, Sacar, An Phortaingéilis

- Meiriceá
- Sasana
- An tSín (*China*)
- An Astráil / Cultúr Aborigine
- Jamaica
- An Ghearmáin
- Albain (*Scotland*)
- An Nua Shéalainnn / Cultúr Maori

2. Cad iad na rudaí is tábhachtaí *(most important)*, dar leat, chun cultúr a thaispeáint? Cén fáth? Mar rang, léigh agus pléigh an liosta thíos. Scríobh amach i do chóipleabhar é ag cur (1)–(10) in aice leis na focail de réir do thuairime (1 = an-tábhachtach 10 = níl sé ró-thábhachtach).

◆ Éadaí ◆ Spóirt ◆ Ceol agus Damhsa ◆ Saol Sóisialta ◆ Teanga ◆ Reiligiúin / Creideamh
◆ Tréithe na nDaoine ◆ Bia agus Deoch ◆ Ainmneacha Traidisiúnta ◆ Cláracha Teilifíse

Tasc ealaíona

Déan Collage (pictiúir/grianghraif) nó Wordle a léiríonn cultúr na hÉireann. Cuir i láthair don rang é.

Bí ag caint!

Cad é do thuairim faoin nGaeilge?

Ag obair leis an dalta in aice leat cuirigí na ceisteanna seo ar a chéile. Tóg nóiméad i dtosach chun féachaint ar an mbosca foclóra thíos agus cuir tic le frásaí a chabhróidh leat. Bí réidh do thuairimí a thabhairt don rang.

- An maith leat an Ghaeilge? Cén fáth?
- Cad a cheapann tú faoin nGaeilge ar scoil? Cén fáth?
- An raibh tú riamh sa Ghaeltacht?
- An bhféachann tú féin nó éinne eile sa bhaile ar TG4? Cén sórt cláracha?

Is maith liom Gaeilge.	I like Irish.
Is aoibhinn liom Gaeilge.	I love Irish.
Níl aon suim agam sa Ghaeilge – tá sí leadránach.	I've no interest in Irish – it's boring.
Tá mé idir dhá chomhairle faoin teanga.	I'm between two minds about the language.
Ba mhaith liom a bheith líofa ach tá sí ró-dheacair.	I would like to be fluent but it's too hard.
B'fhearr liom Mandairínis a fhoghlaim.	I would prefer to learn Mandarin.
Is cur amú ama é an Ghaeilge a fhoghlaim – níl sí ag teastáil d'aon rud.	Learning Irish is a waste of time – it's not needed for anything.
Tá an teanga marbh. Ní labhraíonn éinne í ach muintir na Gaeltachta.	The language is dead. Nobody speaks it except the people in the Gaeltacht.
Is cur amú ama é an t-airgead a chaitheann an Rialtas ar an teanga.	The money the Government spends on Irish is wasted.
Ba chóir rogha a thabhairt do dhaltaí ar scoil faoin nGaeilge a staidéar.	Students should be given a choice in schools whether or not to study Irish.
Is teanga álainn í an Ghaeilge agus ba chóir meas a bheith againn uirthi.	Irish is a lovely language and we should respect it.
Is maith liom an Ghaeilge ach ní maith liom an Ghaeilge ar scoil.	I like Irish but I don't like Irish in school.
Ba chóir do gach duine dul go dtí an Ghaeltacht chun an teanga a fhoghlaim.	Everybody should go to the Gaeltacht to learn the language.

Bosca Foclóra

Léigh é!

Tóg nóiméad chun an sliocht seo a léamh go ciúin tú féin. (Tá na focail dheacra, atá i gcló dubh, mínithe sa ghluais faoina bhun.) Bí réidh é a léamh os ard don rang, agus ansin freagair na ceisteanna a leanann i do chóipleabhar.

1

An 'cúpla focal' ag fáil bháis

1. Is í ár dteanga **dhúchais** í ach, **de réir** an *UNESCO Atlas of the World's Languages in Danger*, tá an Ghaeilge **i mbaol** bháis.

2. In ainneoin sár-iarrachtaí Des Bishop, Bernard Dunne agus daoine eile, deir UNESCO go bhfuil stádas 'definitely endangered' tuillte ag *earned* an nGaeilge. Bíonn an stádas seo ag teanga nuair nach bhfoghlaimíonn páistí í sa bhaile mar theanga **labhartha** na clainne.

3. Is cúis imní é seo do Ghaeilgeoirí agus do dhaoine a bhfuil grá acu don teanga. De réir figiúirí Roinn na Gaeltachta tá 44,000 duine ina gcónaí i nGaeltachtaí a labhraíonn an teanga **go laethúil**. Ach, de réir Daonáireamh 2011 (Census 2011) ní féidir le 70% de mhuintir na hÉireann Gaeilge a labhairt agus deir 12% de dhaoine go n-úsáideann siad an teanga go laethúil ach sa chóras oideachais amháin. *only education system.*

(as alt le Katherine Donnelly san *Irish Independent*)

Gluais

ag fáil bháis: dying	**in ainneoin:** in spite of	**labhartha:** spoken
dúchais: native	**sár:** excellent	**is cúis imní é:** it is a cause of concern
de réir: according to	**iarrachtaí:** efforts	**go laethúil:** daily
i mbaol: in danger		

Ceisteanna

1. Cad a deir an *UNESCO Atlas of World's Languages in Danger* faoin nGaeilge?
2. Cathain a rinneadh an tuairisc (*report*)?
3. Ainmnigh beirt duine atá ag iarraidh an Ghaeilge a choiméad beo, de réir an ailt.
4. Cathain a thugtar stádas 'definitely endangered' do theanga?
5. Cé mhéad duine in Éirinn nach bhfuil ábalta Gaeilge a labhairt?

Léigh é!

Tóg nóiméad chun an sliocht seo a léamh go ciúin tú féin. Bí réidh é a léamh os ard don rang. Nuair atá sé léite ag an rang, déan plé ranga ar na ceisteanna faoina bhun.

2

'Is Éireannach mé'

Deir Des Bishop gur **fuirseoir** Éireannach é ó na Bronx, **Nua Eabhrac.** Lena **chuma** agus a **bhlas** Meiriceánach ní cheapfadh éinne gurb Éireannach é ach sin a deir sé!

Tháinig Des go hÉirinn nuair a bhí sé ina dhéagóir agus, mar sin, ní dhearna sé Gaeilge ar scoil. **Bhraith sé** go raibh rud éigin **in easnamh** mar ní raibh aon Ghaeilge aige agus **shocraigh** sé bliain a chaitheamh i nGaeltacht Chonamara chun an teanga a fhoghlaim. Dar leis féin, ba é 'the final frontier of Irish life I had yet to explore'.

Ba **thuras 'spioradálta'** é dó: chuaigh sé ag iascaireacht i gcurrach, scread bainisteoir peile leis as Gaeilge agus thit na cailíní timpeall ag gáire faoi agus é ag cleachtadh dá **bhéaltriail** i scrúdú na hArdteistiméireachta. Ach, ar an lá fuair sé grád A agus bhí a **sprioc** bainte amach aige – a chéad 'stand-up' a dhéanamh as Gaeilge – a 'theanga dhúchais'.

Chuaigh Des ar ais go Meiriceá ag deireadh na bliana agus thóg sé Antoine – mac an tí – leis. Dúirt siad go raibh sé **an-áisiúil** Gaeilge a labhairt ar an subway. 'Tá an Ghaeilge *handy* anois, a Antoine' agus iad **ag cúlchaint** faoi na daoine timpeall orthu. 'Tá sé suimiúil agus difriúil,' arsa Des, 'a bheith ábalta Gaeilge a labhairt. Tá *identity* féin san áit mar seo.'

Chuala siad fear ag canadh amhráin i nGaeilge líofa i Times Square agus labhair sé le dalta a bhí ag foghlaim Gaeilge a dúirt go dtugann sé 'sórt *pride* a bheith ag foghlaim teanga eile'.

Deir Des go bhfuil **dlúthbhaint** idir teanga agus **féiniúlacht**. 'Anseo, bhí mé Meiriceánach, ach ní raibh mé ag smaoineamh Meiriceánach i mo shaol. Éireannach mé.'

Cé nach bhfuil gach focal ceart aige tuigimid!

Gluais	
fuirseoir: comedian	**turas spioradálta:** spiritual journey
Nua Eabhrac: New York	**béaltriail:** oral Irish exam
cuma: appearance	**sprioc:** aim/objective
blas: accent	**áisiúil:** handy
bhraith sé: he felt	**ag cúlchaint:** gossiping
in easnamh: missing	**dlúthbhaint:** close
shocraigh: decided	**féiniúlacht:** identity

Ceisteanna

1. Ar chuir aon rud sa dá alt thuas ionadh ort? Cad é/iad?
2. Deir Des Bishop go dtugann an teanga 'identity' dó. An aontaíonn tú? Cén fáth?
3. An mbeadh brón ort dá bhfaighfeadh an teanga bás?

9

Bosca Foclóra

Chuir sé ionadh orm nuair a léigh mé . . .	I was surprised when I read . . .
Níor chuir aon rud ionadh orm.	I wasn't surpised by anything.
Bheadh brón orm.	I would be sad.
Ní bheadh brón orm.	I wouldn't be sad.
Is cuma liom.	I don't care.
Is cuma sa diabhal liom!	I couldn't give a toss!
Tá a teanga féin ag beagnach gach tír ar domhan. Cén fáth nach mbeadh sí againn?	Almost every country in the world has its own language. Why can't we?
Is cuid d'ár gcultúr í an Ghaeilge.	Irish is part of our culture.
Baineann a lán rudaí eile le cultúr, mar shampla ár spóirt, ár gceol. Mar sin níl an teanga ró-thábhachtach.	Culture has to do with other things, for example our sports, our music. So the language is not that important.
Ní gá dom Gaeilge a labhairt le bheith i m'Éireannach.	I don't have to speak Irish to be Irish.

Beatha Teanga í a Labhairt!

Is minic a deir daoine nach bhfuil focal Gaeilge acu ach de ghnáth ní fíor sin ar chor ar bith. Uaireanta bíonn eagla ar dhaoine go ndéanfaidh siad botún. Ach, mar a deir an seanfhocal, beatha teanga í a labhairt *(a language only lives if spoken)*, agus is linne ar fad an Ghaeilge. Mar sin, ná bí buartha faoi na botúin agus ar aghaidh leat!

Cleachtadh a dhéanann máistreacht (practice makes perfect).

Bain taitneamh as an gcluiche seo a leanas atá bunaithe ar nathanna comónta sa Ghaeilge.

Bí ag caint!

Nod don Nath

Ag obair i d'aonar nó leis an dalta in aice leat, cuir Gaeilge ar na focail nó frásaí chun do bhealach a dhéanamh trasna an bhoird chomh tapa agus is féidir – ó bhun go barr, trasna nó trasnánach *(diagonally)*. Cuir suas do lámh nuair atá na freagraí go léir agat agus abair os ard iad. Beidh an bua ag an gcéad duine a shroicheann an taobh eile.

Lean ort agus líon an bosca ar fad. Go n-éirí leat!

Freagraí ar fáil ag Teachers' Resources ar www.mentorbooks.ie

SAMPLA: GRMA – Thank You = Go **R**aibh **M**aith **A**gat

GML	AS	GSS	CAT	LDS
Excuse me	Any news?	Happy as Larry /satisfied	How are you?	Relax!
TBO	DIMD	CGO	FN	BC
I am sorry/sad	Response to 'Dia dhuit'	Call me!	Wait a minute	Be careful
TGBÉ	SGF	DAMMOB	ÁM	CGL
Take it easy!	Goodbye for now	The dog ate my homework!	Best of luck	OK
FGgCT	ASB	AMNM	BLD	AL / IL
Wait till you hear!	Spilling rain	On the pig's back	Thank God	Absent / Present
IACT	NTDLA	AbhFCADA	NDD	NATMDTF
You're a right idiot!	I have no idea!	May I go out?	Don't forget	There's no place like home

Téigh ar **www.talkirish.com** agus gliogáil ar **'Irish Word a Day'** chun ríomhphost a fháil gach lá le focal nua Gaeilge.

nó

Téigh ar **www.gaelchultúr.com** agus gliogáil ar **'Frása an Lae'** (Phrase of the Day).

Cuir an focal / frása ar bhalla do sheomra ranga nó ar shuíomh idirlín na scoile.

Bí ag caint!

GLGA: Gaeilge, Gach Lá Gach Áit

Bain úsáid as na frásaí seo thíos gach lá agus glac do pháirt i ré nua na Gaeilge!

Bosca Foclóra

Beannachtaí (greetings)

Dia dhuit / Dia is Muire dhuit	Hello
Haigh	Hi
'Aon scéal?	Any news?
'Scéal ar bith / Diabhal Scéal!	No news / Devil a bit!
Feicfidh mé níos déanaí tú	See you later
Slán	Bye
Conas atá tú?	
Go breá, go raibh maith agat.	Well, thank you.
Ceart go leor.	OK
Níl mé go maith . . .	I'm not good . . .
Ní gearánta dom	No complaint
Tuirseach, traochta!	Tired! / Wrecked!
Dubh dóite!	Fed up!

Foclóir ranga (classroom vocabulary)

Gabh mo leithscéal	Excuse me
Ní thuigim	I don't understand
Níl a fhios agam	I don't know
Cad is brí le X?	What does X mean?
Conas a deirtear X as Gaeilge?	How do you say X in Irish?
Conas a litrítear X?	How do you spell X?
Arís, le do thoil	Again, please
Tá brón orm, rinne mé dearmad ar m'obair bhaile.	I'm sorry, I forgot my homework.
An bhfuil cead agam dul go dtí mo thaisceadán, más é do thoil é?	May I go to my locker, please?

Ceisteanna ginearálta (general questions)

Cá bhfuil . . .?	Where is . . .?
An bhfuil . . . agat?	Have you got . . .?
An bhfaca tú . . .?	Did you see . . .?
Ar chuala tú faoi . . .?	Did you hear about . . .?
An maith leat . . .?	Do you like . . .?
Ar mhaith leat . . .?	Would you like . . .?
Céard faoi . . .?	What about . . .?
Cén t-am?	What time?

Tuairimí (opinions)	
Is maith liom . . .	I like . . .
Ba mhaith liom . . .	I would like . . .
Is breá liom	I love . . .
Ba bhreá liom . . .	I would love . . .
Is fearr liom X ná Y	I prefer X to Y
Taitníonn X liom	I enjoy X
Thaitin X go mór liom	I really enjoyed X
Ní maith liom . . .	I don't like . . .
Is fuath liom . . .	I hate . . .

Leithscéalta (apologies)	
Gabh mo leithscéal	Excuse me
Tá brón orm	I'm sorry
'Brón orm a bheith déanach	Sorry I'm late
Ag magadh (teasing/joking)	
Is pleidhce tú!	You're a messer!
Is amadán / dúdaire ceart tú!	You're a right idiot (male)
Is óinseach tú!	You're an idiot (female)
Is seansálaí tú!	You're a chancer!
Is mór an chraic tú!	You're a hoot!
Is croí na cuideachta ag cóisir tú!	You're a right party-animal!
Ionadh (surprise)	
A Thiarcais / A Dhiabhail!	Oh my goodness!
Fan go gcloise tú!	Wait till you hear!
Níl tú dáiríre!	You're not serious!
An bhfuil tú ag magadh?	Are you joking?
Nathanna úsáideacha eile (other useful phrases)	
Fear fónta!	Sound man!
Togha / Iontach!	Great!
Ná déan dearmad	Don't forget
Ná bac leis	Don't bother / don't bother about it
Cuir glaoch orm	Call me
Cuir téacs chugam	Text me.

[handwritten note:] dáuaire pire - dead serious

 **Tasc scríofa**

A. Comhrá

Is tusa Peadar. Tá tú déanach don rang Gaeilge. Tagann tú isteach agus gabhann tú leithscéal leis an múinteoir. Ansin, suíonn tú síos in aice le do chara, Cathal. Seo thíos an comhrá a bhí eadraibh. Líon na bearnaí (le cabhair ón mbosca foclóra ar lch 12, 13) agus scríobh amach i do chóipleabhar é.

MÚINTEOIR:	Haigh, a Pheadair. Tá tú _déanach_. Cá raibh tú?
PEADAR:	Tá _brón_ orm, a mhúinteoir, a bheith déanach. Bhí mé ag caint leis an bpríomhoide.
MÚINTEOIR:	Bhuel, suigh síos anois go tapa in aice le Cathal.
CATHAL:	Fan go _cloise_ tú. Tá scrúdú againn inniu.
PEADAR:	Ó, a _Thiarcais_! Níl tú _dáiríre_!
CATHAL:	Táim ag _pleidhcíocht_!
PEADAR:	Is _amadán_ tú!
MÚINTEOIR:	Obair bhaile amach anois, a dhaltaí.
PEADAR:	Tá brón _orm_, rinne mé _dearmad_ ar mo chóipleabhar. An bhfuil _cead_ agam dul go dtí mo _thaisceadán_ más é do thoil é?
MÚINTEOIR:	Ceart _go leor_, tá, ach ná déan _dearmad_ air arís.
CATHAL:	Conas a _deirtear_ 'the dog ate my homework' as Gaeilge?
PEADAR:	Is _seansálaí_ tú! _I'm sick/dead of it_
MÚINTEOIR:	Stopaigí an chaint, a bhuachaillí. Táim bodhar agaibh!

B. Rólghlacadh

Fuair tú glaoch teileafóin ó do chara ag rá go bhfuil a thuistí imithe as baile agus go mbeidh cóisir aige anocht ina theach. Seo thíos an cómhrá a bhí acu. Ag baint úsáide as na nathanna thuas, cuir Gaeilge ar an gcomhrá agus déan an rólghlacadh os comhair an ranga.

PÓL:	Hi, Oisín. Pól here. How are you?
OISÍN:	Hi, Pól. I'm good. Any news?
PÓL:	Wait till you hear . . . Mam and Dad are in Paris for the weekend. There will be a party in my house Saturday. Would you like to come?
OISÍN:	I'd love to come. What time?
PÓL:	10 o'clock.
OISÍN:	Is Cian going? He's a real party animal!
PÓL:	No. He's in hospital. He was at a party last night and fell down the stairs and broke his leg.
OISÍN:	Oh my goodness! Are you serious?
PÓL:	Yes. He's a right idiot!
OISÍN:	Would you like my iPod for the party?
PÓL:	Sound man!
OISÍN:	Great! See you Saturday. Bye.
PÓL:	Bye.

C. Comhrá

Fuair do chara dhá thicéad do cheolchoirm The Script i Londain ag an deireadh seachtaine. D'iarr sí ort dul léi. Scríobh an comhrá a bhí eadraibh (*between you*).

Léigh é!

Tóg nóiméad chun an sliocht seo a léamh go ciúin tú féin. Bí réidh é a léamh os ard don rang, agus ansin freagair na ceisteanna a leanann i do chóipleabhar.

AbairLeat! Suíomh sóisialta na Gaeilge

1. An bhfuil an Ghaeilge ag fáil bháis nó an bhfuil buzz nua sa teanga? Tá **moladh** mór faighte ag an suíomh sóisialta AbairLeat!, an chéad suíomh sóisialta do **mhionteanga** ar domhan!

2. Láinseáladh an suíomh mí Feabhra 2012 agus tá 1,000 úsáideoirí in aghaidh an lae aige cheana féin – daoine ag labhairt lena gcairde, ag póstáil a scéalta is a smaointe agus **ag roinnt** a ngrianghraf, a bhfíseán agus a **gcomhad fuaime**.

3. Caithfidh seachtó faoin gcéad (70%) de na 'posts' a bheith i nGaeilge ach ná bíodh imní ort faoi do chuid gramadaí mar is féidir leat focail a **aistriú** agus litriú a sheiceáil ar an suíomh. Is féidir leat freisin taitneamh a bhaint as físeáin, leathanaigh *memes* Gaeilge agus cartúin nó do chuid féin a phóstáil.

4. Creid é nó ná creid tá breis is milliún go leith duine a úsáideann Gaeilge ar Facebook faoi láthair agus ba mhaith le AbairLeat! na daoine seo – agus níos mó – a mhealladh chuig an suíomh nua. Cabhróidh an suíomh go mór le daltaí scoile ach is é an rud is fearr ná go dtugann sé seans do dhaoine an teanga a úsáid i **gcomhthéacs** nádúrtha, **neamhfhoirmeálta** agus taitneamh a bhaint aisti.

5. Le seachtó milliún duine ar fud an domhain a deir gurb 'Éireannaigh' iad, agus aos óg na tíre ag dul **ar imirce** arís, is deis iontach í AbairLeat! teagmháil a choimeád le clann is cairde agus do 'chúpla focal' a úsáid. Agus na milliúin duine ag téacsáil, ag póstáil agus ag tuíteáil trí Ghaeilge gach lá, b'fhéidir go bhfuil **ré** nua i ndán don teanga a bhuíochas don nua-theicneolaíocht, agus d'AbairLeat! a ainmníodh do Web Award 2012.

Gluais

moladh: praise	**comhad fuaime:** sound file	**ar imirce:** emigrating
mionteanga: minority language	**aistriú:** translate	**ré:** era
ag roinnt: sharing	**comhthéacs:** context	
	neamhfhoirmeálta: informal	

Ceisteanna

1. (a) Cad atá speisialta faoin suíomh nua 'AbairLeat!'?
   (b) Cathain a láinseáladh é?
2. (a) Cé mhéad úsáideoirí atá aige cheana féin?
   (b) Luaigh trí rud gur féidir le húsáideoirí a dhéanamh ar an suíomh.
3. (a) Céard ba mhaith le AbairLeat! a dhéanamh?
   (b) Cad é an rud is fearr faoin suíomh nua, dar leis an údar?
4. Cé mhéad 'posts' a chaithfidh a bheith i nGaeilge?
5. Cén fáth a deir an t-údar go bhfuil 'ré nua' i ndán don teanga?

Proifíl idirlín a chruthú

Scríobh amach proifíl díot féin i nGaeilge a bheadh oiriúnach don suíomh sóisialta AbairLeat! Féach ar na prifílí eile ar www.abairleat.com mar chabhair. Bíodh na sonraí seo a leanas ann:

Ná clois, ná feic, ná habair agus ná póstáil aon droch rud.

- D'ainm baiste agus do shloinne
- Leasainm má tá ceann agat
- Dáta breithe

- Áit chónaithe
- Cén sórt duine tú? *(Féach thíos)*
- Do chaitheamh aimsire.

Is duine . . .

spórtúil	ealaíonta	cainteach	uaillmhianach
drámatúil	sóisialta	neamhspleách	dáiríre
ceolmhar	ciúin/cúthail	plámásach	réchúiseach

. . . mé.

Ar líne

Logáil isteach ar **www.facebook.com/abairleat**.
Cuardaigh an app **'Lámha Suas'**.

Déan an quiz idirghníomhach *(interactive)*. Roinn le do chairde é chun breis pointí a fháil. Go n-éirí leat!

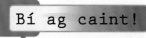

Fíor nó bréagach?

Mar rang, léigh os ard na habairtí greannmhara seo faoi mhuintir na hÉireann, a tógadh as suíomhanna éagsúla ar an idirlíon. Cé gur abairtí magúla iad, an bhfuil rian den fhírinne iontu? Bí réidh a rá os comhair an ranga má cheapann tú go bhfuil siad fíor nó bréagach.

Is Éireannach tú nuair . . .

. . . atá gruaig rua ort agus milliún bricíní gréine (freckles)!

. . . is aoibhinn leat 'an chraic' agus ní druga atá i gceist.

. . . a ólann tú fiche cupán tae gach lá agus caithfidh gur Barry's nó Lyon's é.

. . . a thuigeann tú na focail 'culchie', 'bogger' agus 'D4 head'.

. . . a théann do thuistí go dtí an teach tábhairne chun gach ócáid a cheiliúradh.

. . . a rinne tú níos mó airgid as do Chéad Chomaoineach (First Communion) ná mar a fhaigheann do mham nó do dhaid as obair seachtaine!

. . . is aoibhinn leat prátaí agus itheann tú iad le gach béile, fiú lasagne!

. . . a bhíonn tú i gcónaí déanach do gach rud.

. . . a deir tú 'How's it going?' le gach duine ach níl aon suim agat san fhreagra.

. . . atá aithne agat ar dhuine darb ainm 'Murph' nó 'Mac'.

. . . a chuireann tú 'Ó' ag deireadh gach ainm – Dano, Johnno . . .

. . . a deir tú i gcónaí 'I can't speak a word of Irish!' ach tuigeann tú 'Póg Mo Thóin'!

Tasc cumadóireachta

Ag obair leis an dalta in aice leat cum samplaí eile nach bhfuil sa bhosca thuas. Scríobh amach i do chóipleabhar iad agus bí réidh iad a léamh amach don rang.

Sampla:

Is Éireannach tú nuair a . . .
. . . ghlaonn tú 'Tayto' ar gach paicéad criospaí.

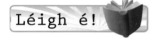

Tóg nóiméad chun an sliocht seo a léamh go ciúin tú féin. Bí réidh é a léamh os ard don rang, agus ansin déan na ceachtanna a leanann.

Cailín órga na dornálaíochta

1. Is laoch Ceilteach í gan dabht! Katie Taylor is ainm di. Rugadh is tógadh i gCill Mhantáin í agus is **Curadh** Eorpach, Curadh Domhanda agus Curadh Oilimpeacha í!

2. Ní dhéanfaidh éinne **dearmad** ar na cluichí **dornálaíochta** i gCluichí Oilimpeacha 2012 i Londain. Nuair a shiúil Katie amach in Ionad Dornálaíochta ExCel chun troid in aghaidh Natasha Jones ón mBreatain lig an slua **gáir mholta** astu a shroich 113.7 **deicibeil** – chomh hard le ceolchoirm rac agus **beagnach** chomh hard le torann eitleáin!

3. Bhuaigh Katie an cluiche agus, cé go raibh sí ag troid in aghaidh an chailín '**áitiúla**', bhuaigh sí **croíthe** na Sasanach freisin. As sin amach bhí na Sasanaigh chomh maith leis na hÉireannaigh ag canadh 'Olé Olé' ar son an chailín ó Chill Mhantáin.

4. Ar aghaidh le Katie chun **bonn cré-umha** a fháil nuair a bhuaigh sí an babhta **leathcheannais** in aghaidh cailín ó Tajikistan ach ní raibh sí sásta fós. Sa **bhabhta ceannais** bhuail sí le Sofya Ochigava ón Rúis agus bhuaigh sí an bonn óir!

5. Tá ainm Katie scríofa sna leabhair staire mar an chéad Churadh Oilimpiceach i gComórtas Dornálaíochta na mBan ach is léir freisin go bhfuil áit speisialta ag an gcailín ciúin i gcroíthe mhuintir na tíre seo agus ar fud an domhain.

Gluais		
curadh: champion	**deicibeil:** decibel	**ar aghaidh le:** on with
dearmad: forget	**beagnach:** almost	**bonn cré-umha:** bronze
dornálaíocht: boxing	**áitiúil:** local	**leathcheannais:** semi-final
gáir mholta: cheer	**croíthe:** hearts	**babhta ceannais:** final

Ceisteanna

1. (a) Cár rugadh Katie Taylor?
   (b) Cén fáth gur Laoch Ceilteach í?
2. (a) Cad a tharla nuair a shiúil Katie amach in Ionad Dornálaíochta ExCel chun troid in aghaidh Natasha Jones?
   (b) Cén rud iontach a bhaineann leis an ngáir mholta a fuair sí?
3. Cé a bhí ag canadh 'Olé Olé' ar son Katie?
4. Cén fáth a bhfuil ainm Katie sna leabhair staire?

Bí ag caint!

Cad í an cheist?

Cuir Gaeilge ar na ceisteanna seo thíos agus cuir ar an dalta in aice leat iad.

1. Where were the boxing matches on?
2. When did the crowd cheer?
3. What is the name of the 'local girl'?
4. What medal did Katie win?
5. Why is Katie's name written in the history books?
6. Do you like boxing?
7. Do you prefer women's boxing or men's boxing?

Bosca Foclóra

Foirmeacha Ceiste:

Cé: who
Cad/Céard/Cén: what
Cá/Cá háit: where
Cathain: when
Conas: how
Cén fáth: why
Cé mhéad: how many
Cad as do X? where is X from?

Éist go géar

Ceachtanna Cluastuisceana

Is iomaí duine cáiliúil a rugadh is a tógadh in Éirinn. Éist leis na leideanna ar an bpodchraoladh agus scríobh síos ainmneacha na nÉireannach cáiliúla a luaitear.

1. • Is bean í.
   • Rugadh i Nua Eabhrac í sa bhliain 1994 ach tá sí ina cónaí i gCeatharlach ó bhí sí trí bliana d'aois.
   • Tá ainm Gaelach uirthi a chiallaíonn 'freedom'.
   • Tá clú agus cáil uirthi mar aisteoir agus bhí páirt mhór aici sa scannán *Hanna*.
   Cé hí?

   > Traic 1

2. • Is cúpla iad.
   • Rugadh i mBaile Átha Cliath iad sa bhliain 1991.
   • Chan siad dhá uair ar son na hÉireann sa chomórtas *Eurofíse*.
   Cé hiad?

   > Traic 2

3. • Is fear é.
   • Rugadh is tógadh an fear seo i gCluain Tarbh i mBaile Átha Cliath.
   • Is imreoir rugbaí iontach é.
   • Ní raibh sé ró-chairdiúil le Tana Umaga ar feadh tamaill mar gheall ar 'speartackle'.
   Cé hé?

   > Traic 3

4. • Ba scríbhneoir é an duine seo ach tá sé marbh anois.
   • Rugadh i mBaile Átha Cliath é.
   • Scríobh sé leabhar uafáis a chuir eagla ar a lán daoine.
   • Bhí baint ag an scéal le vaimpírí.
   Cé hé?

   > Traic 4

5. • Is bean spórtúil í.
   • Rugadh is tógadh i gCo. Chill Mhantáin í.
   • Is curadh *(champion)* na hEorpa agus an Domhain agus Oilimpiceach í ina spórt.
   • Is maith léi a bheith ábalta Gaeilge a labhairt nuair atá sí i dtíortha eile.
   Cé hí?

   > Traic 5

6. • Is fear óg é as Co. na hIarmhí
   • Rugadh i mí Mheán Fómhair 1993 é.
   • Ghlac sé páirt i seó tallainne agus bhí an t-ádh leis.
   • Tá a ainm baiste cosúil le habhainn cháiliúil san Éigipt!
   Cé hé?

   > Traic 6

7. • Rugadh an fear seo i nDoire sa bhliain 1939.
   • Is é 'James' an leagan Béarla dá ainm baiste.
   • Tá clú agus cáil air ar fud an domhain mar fhile.
   • Bhuaigh sé Duais Nobel na Litríochta sa bhliain 1995.
   Cé hé?

   > Traic 7

8. • Rugadh an fear seo i gCorcaigh.
   • Ba pholaiteoir cáiliúil é ach tá sé marbh anois.
   • Fuair sé bás tragóideach i mBéal na mBláth nuair a bhí sé 32 bhliain d'aois.
   • Sa bhliain 1996 rinneadh scannán faoina shaol.
   Cé hé?

   > Traic 8

Tasc scríofa

Cárta aitheantais

Roghnaigh Éireannach cáiliúil (duine stairiúil nó duine an lae inniu) agus scríobh cárta aitheantais faoi/fúithi. Féach ar na pointí seo thíos chun cabhrú leat:

◆ Fear nó bean
◆ Slí bheatha (aisteoir, imreoir spóirt, ceoltóir, polaiteoir . . .)
◆ Dáta breithe, áit bhreithe
◆ Tréithe (greannmhar/spórtúil/ceolmhar . . .)
◆ An fáth a bhfuil sé/sí cáiliúil

Nuair atá an cárta déanta agat, léigh amach na sonraí don rang. An féidir leis na daltaí eile an duine cáiliúil a ainmniú?

Féach ar Greim ar Ghramadach thíos agus déan na ceachtanna <u>sula</u> scríobhann tú do chárta.

Greim ar Ghramadach

Is nó Tá?

An Chopail 'Is'
In English we say 'I am', 'you are', 'he is', etc. irrespective of whether the next word is a noun, a verb or an adjective: **I am** a teacher, **I am** talking, **I am** busy.

In Irish, however, there are two distinct ways to say 'I am', 'you are', etc.
We use **'Is'** with a **noun**   – Is dalta mé (I am a student)
We use **'Tá'** with a **verb**   – Tá mé ag staidéar (I am studying)
or an **adjective**   – Tá mé gnóthach (I am busy)

This is a simple but important rule of grammar which can sometimes cause problems when writing and speaking Irish. You will use it regularly when talking about yourself or other people so it is important to understand it and use it accurately.

Féach ar na samplaí seo thíos agus déan na ceachtanna a leanann.

Is dalta **mé**	**Tá mé** ag obair	Tá mé **gnóthach**
Is cailín **tú**	**Tá tú** ag caint	Tá tú **greannmhar**
Is imreoir rugbaí **é**	**Tá sé** ag traenáil	Tá sé **spórtúil**
Is amhránaí maith **í**	**Tá sí** ag canadh	Tá sí **ceolmhar**
Is Éireannaigh **sinn**	**Táimid** ag cónaí in Éirinn	**Táimid cairdiúil**
Is amadáin **sibh**	**Tá sibh** ag pleidhcíocht	Tá sibh **dána** bold
Is tuismitheoirí **iad**	**Tá siad** ag gearán complaining	Tá siad **cantalach** cranky

Tasc Gramadaí 21

A. Cuir Gaeilge ar na habairtí seo a leanas:
1. I am a student. I am working hard.
2. You are an actor. You are famous.
3. He is a pilot. He is working with Aer Lingus.
4. She is a doctor. She is kind and patient.
5. We are teenagers. We are sociable.
6. You (pl) are comedians (fuirseoirí). You are funny.
7. They are footballers. They are rich.

B. Athscríobh na habairtí seo a leanas i do chóipleabhar <u>ag ceartú aon bhotún</u>:
1. Tá JK Rowling scríbhneoir cáiliúil.
2. Is innealtóir é mo Dhaid.
3. Is mise an duine is sine i mo chlann.
4. Tá Brian O'Driscoll imreoir rugbaí.
5. Is duine drámatúil mé.
6. Tá mo Mhamaí múinteoir bunscoile.
7. Tá mo dheirfiúr ag obair le Google.

C. Athscríobh na habairtí seo a leanas i do chóipleabhar ag líonadh na mbearnaí le focail oiriúnacha.
1. An amhránaí cáiliúil é Enda Kenny? Ní hamhránaí cáiliúil é, is _____ é.
2. An imreoir sacair é Ronan Ó Gara? Ní himreoir sacair é, is _____ _____ é.
3. An comhlacht teilifíse é Vodafone? Ní comhlacht teilifíse é, is _____ _____ é.
4. An tír fhuar í An Ghréig sa samhradh? Ní tír fhuar í, is _____ _____ í.
5. An grúpa Indie é U2? Ní grúpa Indie é, is grúpa _____ é.

Ainmneacha is Sloinnte na nGael

Bí ag caint!

Cuir na ceisteanna seo a leanas ar an duine in aice leat.

- Cad is ainm duit?
- An ainm Gaelach é sin?
- An bhfuil a fhios agat cad a chiallaíonn sé?
- Cad is sloinne duit?
- An sloinne Gaelach é?
- Cad as a dtagann sé?

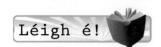 **Léigh é!**

Tóg nóiméad chun an sliocht seo a léamh go ciúin tú féin. Bí réidh é a léamh os ard don rang, agus ansin déan na ceachtanna a leanann.

Cad is ainm duit?

1. Cad is sloinne do Mhoses sa Bhíobla? Dar ndóigh, ní raibh aon sloinne aige, díreach cosúil le daoine in Éirinn fadó nuair a bhí **daonra** na tíre i bhfad **níos lú** agus ní dheachaigh daoine taobh amuigh dá gceantar féin go minic. Mar sin, ní raibh **aon ghá** le sloinne agus ní bhíodh ach ainm baiste ar dhuine de ghnáth: Aodh, Niall, Eoin agus mar sin de. Bhí dlúthbhaint idir na daoine agus an **treibh** nó 'clan' agus mar sin muna raibh aon duine eile sa cheantar leis an ainm céanna ní raibh **fadhb** ar bith ann.

2. San aonú haois déag tháinig fás ar an daonra. Thosaigh na daoine ag úsáid 'Mac' *(son of)* agus 'Ó' *(grandson of)* chun daoine a **aithint.**

3. Sa seachtú haois déag nuair a tháinig na Sasanaigh ba **mhíbhuntáiste** é ainm Gaelach a bheith ag duine agus tosaíodh ar leaganacha Béarla a chur ar na hainmneacha traidisiúnta, mar shampla athraíodh 'Mac an Thomáis' go Holmes, 'Mac an Giolla Íosa' go McAleese agus mar sin de.

4. San ochtú haois déag, nuair a thosaigh Athbheochan na Gaeilge *(The Gaelic Revival)* thosaigh daoine ag úsáid sloinnte Gaelacha arís ach uaireanta bhí an 'Mac' nó an 'Ó' imithe **gan tásc ná tuairisc** orthu, mar shampla O'Murphy – Murphy (an sloinne is coitianta in Éirinn inniu).

5. Feictear **dlúthbhaint** idir ainmneacha baiste na tíre agus stair na tíre. Le teacht na Críostaíochta thosaigh daoine ag tabhairt ainmneacha ar nós Pádraig agus Pádraigín ar a bpáistí agus ainmneacha ón mBíobla (Paul, Mary). Tar éis teacht na Normannach agus na Sasanach thosaigh ainmneacha ar nós William, Robert agus Gerard **ag teacht ar an bhfód.** Bhí suim nua sna hainmneacha Gaelacha san ochtú haois déag agus roghnaigh tuistí ainmneacha ó na scéalta miotaseolaíochta dá bpáiste: Brian, Ruairí, Deirdre, Niall.

6. Sa lá atá inniu ann, is mó **tionchar** atá ag na meáin (réalta scannán agus teilifíse) ar ainmneacha ár bpáistí ná **oidhreacht.** Cloistear ainmneacha ar nós Kyle, Ethan, Reece agus Lexi.

Gluais

daonra: population	**fadhb:** problem	**dlúthbhaint:** close connection
níos lú: smaller	**aithint:** recognise	**ag teacht ar an bhfód:** appearing
aon ghá: any need	**míbhuntáiste:** disadvantage	**tionchar:** effect
treibh: tribe	**gan tásc ná tuairisc:** without trace	**oidhreacht:** heritage

Ceisteanna
1. Cén fáth nach raibh aon ghá le sloinne in Éirinn fadó?
2. Cad is brí le 'Mac' agus 'Ó'?
3. Cad é an sloinne is coitianta in Éirinn?
4. Cathain a thosaigh daoine ag úsáid ainmneacha ar nós Máire agus Pádraig?
5. Cén sórt ainmneacha a thugtar ar pháistí inniu?

Tasc cumadóireachta

Bhí nós ag na Gaeil ainm baiste a roghnú dá bpáistí a bhí in oiriúnt do chuma agus do thréithe an pháiste. Féach ar an ngreille thíos agus roghnaigh ainmneacha baiste Gaelacha a bheadh oiriúnach do na daoine cáiliúla (a), (b) agus (c) seo!

(a)   (b)   (c)

Fionn (m.sh. Fionnuala, Fionnbar)	Fair-haired
Donn (m.sh. Donncha)	Brown-haired
Caol (m.sh. Caolan/Keelin)	Slender/thin
Ciar (m.sh. Ciarán, Ciara)	Black/Dark-haired
Bláth (m.sh. Bláithín)	Flower
Dair/Dara (m.sh Dara, Darragh)	Oak
Rua (m.sh. Ruairí, Ruán, Rua)	Red-haired
Sí	Fairy
Ór (m.sh. Órla)	Golden/Golden-haired

 Tasc scríofa

Do Shloinne Féin

Bain úsáid as an idirlíon nó leabhair chun alt gearr a scríobh – i mBéarla nó i nGaeilge – ar do shloinne féin:

◆ Cad as a dtagann do shloinne?
◆ Cad a chiallaíonn sé?
◆ Déan cur síos, íoslódáil nó tarraing armas (coat-of-arms) do chlainne.
◆ An bhfuil mana (motto) air? Cad é?
◆ An bhfuil aon ghaol (relation) cáiliúil agat nó aon duine cáiliúil leis an ainm céanna?

Léigh é!

Tóg nóiméad chun an sliocht seo a léamh go ciúin tú féin. Bí réidh é a léamh os ard don rang, agus ansin déan na ceachtanna a leanann.

1

Muintir na hÉireann – cine dochreidte!

1. Tá 4 mhilliún duine **go leith** ina gcónaí in Éirinn, ach tá níos mó ná 70 milliún duine ar fud an domhain a deir gurb 'Éireannaigh' iad! Is tír an-bheag í Éire (tá idir 7 agus 8 milliún duine ina gcónaí i gcathair Londain mar shampla) ach bhuaigh seachtar Éireannach an Duais Nobel, tá **Curaidh Dhomhanda** agus Curaidh Oilimpeacha againn sa dornálaíocht, sa **lúthchleasaíocht**, i snúcar agus i ngalf. Ba iad fir Éireannacha a cheap an **fomhuireán,** an **toirpéad** agus mapaí bóithre Google, agus ba í bean Éireannach a rinne seacláid bainne den chéad uair!

2. Tá Guinness agus Riverdance againn agus ceann de na rac-ghrúpaí is cáiliúla ar domhan, U2! Thugamar an carr don domhan agus fuair fear as Contae Cheatharlach amach cén fáth a bhfuil an spéir gorm! Sheas Ernest Shackleton agus Tom Crean ar an b**Pol Theas** agus tháinig clann Walt Disney ó Chill Chainnigh!

3. Is as Inis, Contae an Chláir clann Mohammad Ali. Bhí ról James Bond 007 ag Pierce Brosnan agus ról Dumbledore sa scannán *Harry Potter* ag Richard Harris ó Luimneach. **Dhearaigh** fear Éireannach an 'Teach Bán' agus deir 22 as 44 Uachtarán Meiriceánach go bhfuil **sinsir** Éireannacha acu!

4. Ní bheadh The Beatles ann gan sinsir George Harris, John Lennon agus Paul McCartney a d'fhág Éire chun cónaí i Sasana. Tá clú agus cáil bainte amach ag Éireannaigh ar fud an domhain freisin as an obair atá déanta acu ar son na **síochána** agus **cearta daonna**: ba é Seán McBride duine de na daoine a **bhunaigh** Amnesty International, fuair Bob Geldof an teideal *'Man of Peace'* agus tá sráid i Johannesburg darb ainm Mary Manning Street **i gcuimhne** ar chailín óg as Baile Átha Cliath a thug **tacaíocht** do Nelson Mandela.

5. Cine dochreidte, gan dabht, agus smaoinigh – níl ach 4 mhilliún go leith againn ann!

Gluais

cine: race
dochreidte: unbelievable
go leith: a half
Curaidh Domhanda: World Champion
lúthchleasaíocht: athletics

fomhuireán: submarine
toirpéad: torpedo
Pol Theas: South Pole
dhearaigh: designed
sinsir: ancestors

síocháin: peace
cearta daonna: human rights
bhunaigh: established
i gcuimhne: in memory of
tacaíocht: support

Ceisteanna

1. (a) Cé mhéad duine atá ina gcónaí in Éirinn anois?
    (b) Cé mhéad duine ar fud an domhain a deir gurb 'Éireannaigh' iad?
2. (a) Cén duais cháiliúil a bhuaigh seachtar Éireannach?
    (b) Ainmnigh trí rud a thug fir nó mná Éireannacha don domhan.
3. (a) Ainmnigh beirt daoine a d'oibrigh ar son na síochána.
    (b) Cén eagraíocht idirnáisiúnta *(international organisation)* a luaitear
         sa sliocht?
4. Conas atá a fhios againn gur 'cine an-chruthaíoch *(creative)* iad na hÉireannaigh'?
5. Cén fáth a deir an t-údar go bhfuil 'dlúth-ghaol idir an tír seo agus Meiriceá'?

Ceist Foclóra

Athscríobh na habairtí seo a leanas i do chóipleabhar ag líonadh na mbearnaí leis na focail oiriúnacha ón téacs.

1. Dúirt Pól gur thóg alien a mhadra! Is scéal _____ é.
2. Is cigire é mo dhaid sa Gharda _____.
3. Is aoibhinn liom dul go dtí an phictiúrlann. Is breá liom gach saghas _____.
4. Tá _____ _____ _____ ar Adele mar amhránaí.
5. Is aoibhinn liom rugbaí. Tugaim _____ do Chúige Laighin.

Léigh é!

Tóg nóiméad chun an sliocht seo a léamh go ciúin tú féin. Bí réidh é a léamh os ard don rang. Ansin déan an cluiche a leanann.

2

Going, going . . . green! An domhan 'á ghlasú' chun Lá Fhéile Pádraig a cheiliúradh!

1. Tháinig dath glas ar bhreis is 30 de **shainchomharthaí** *(landmarks)* an domhain sa bhliain 2012 chun Lá Fhéile Pádraig a cheiliúradh. Thosaigh an ceiliúradh le Ceoláras Sydney, an Túr Sky in Auckland an Nua Shéalainn, agus Túr Teilifíse Pearl i Shanghai. Ansin, tháinig dath glas ar an óstán cáiliúil an Burj Al Arab i nDubai agus Table Mountain san Afraic Theas.

San Eoraip, glasaíodh Túr Claonta Pisa, Pálas an Phrionsa i Monaco, an Túr Teilifíse i mBeirlín, an Teach Solais i nDusseldorf, Halla an Phobail sa Bhruiséil, agus Staid Pheile na Cathrach i bPoznan sa Pholainn.

2. Ar an gCosta Blanca cuireadh dath glas ar bhaile iomlán Moraira! I Sasana bhí dath glas ar an London Eye, an Glasgow Eye, Ollstór Selfridge agus ar thréad caorach i West Lothian san Albain!

3. Glasaíodh **leathanach baile** Lastminute.com agus phéinteáil ebookers cúig cinn de na tacsaithe Londain cáiliúla.

4. I Meiriceá bhí dath glas ar na **scairdeáin** taobh amuigh den Teach Bán, ar Niagara Falls, Foirgneamh an Empire State i Nua Eabhrac, agus ar óstáin is casino i Las Vegas.

Creid é nó ná creid is í Lá Fhéile Pádraig an fhéile náisiúnta is mó ar domhan!

> **Gluais**
> **sain:** special
> **comhartha:** landmark
> **leathanach baile:** homepage
> **scairdeáin:** fountains

 Tasc scríofa

Rólghlacadh: 'An Saineolaí – *Mastermind'*

Ag obair leis an dalta in aice leat ligigí oraibh go bhfuil sibh ar an gclár teilifíse *Mastermind*. Tógaigí rólanna an Cheistneora *(Quiz Master)* agus an Saineolaithe *(Expert)*.

◆ Léigh an t-alt arís go ciúin.
◆ Cumann an Ceistneoir 10 gceist.
◆ Déanann an Saineolaí iarracht cuimhneamh ar 10 bpíosa eolais agus a bheith réidh do na ceisteanna.

Bí réidh an rólghlacadh a dhéanamh os comhair an ranga. Bain taitneamh as!

Féinmheasúnú
Cad atá foghlamtha agam?

Ceist 1: Tráth na gCeist

(a) Cad as a dtáinig agus cathain a tháinig na Ceiltigh go hÉirinn?

(b) Cén sórt daoine ab ea iad?

(c) Cé mhéad duine in Éirinn nach bhfuil ábalta Gaeilge a labhairt?

(d) Cad is ainm don suíomh sóisialta nua Gaeilge?

(e) Cad a deir Des Bishop go dtugann an Ghaeilge dó?

(f) Cuir Gaeilge ar na nathanna seo a leanas:
'Any news?' 'Wait till you hear!' 'Call me.' 'You're a right messer!'

(g) Cén bonn a bhuaigh Katie Taylor sna Cluichí Oilimpeacha?

(h) Cad is brí le do shloinne?

(i) Ainmnigh triúr Éireannach cáiliúla agus abair cén fáth a bhfuil cáil orthu.

Ceist 2: Mé Féin

Scríobh amach óráid ghearr ag cur síos ort féin – d'ainm, d'áit chónaithe, do thréithe, do thuairimí i dtaobh na Gaeilge. Cuir i láthair don rang í.

Ceist 3: Gramadach – Is nó Tá

Athscríobh na habairtí seo a leanas, ag cur na bhfocal san ord ceart.
Sampla:

ceoltóir i ceoil é mbanna is sé tá.
Is ceoltóir é. Tá sé i mbanna ceoil.

(a) ospidéal obair is í banaltra ag sí tá in

(b) is iad itheann Íodálaigh a lán siad pizza.

(c) cainteacha sinn is Éireannaigh daoine sinn is

(d) is saibhir rinne duine sé é an airgid a lán stocmargadh ar.

Ceist 4: Foclóir

Cuir na focail seo a leanas in abairtí a léireoidh a mbrí agus a gceartúsáid.

(a) Laoch

(b) Tábhachtach

(c) Go laethúil

(d) Áisiúil

(e) Buntáiste

(f) Míbhuntáiste

(g) Daonra

(h) Gan tásc ná tuairisc

(i) Dochreidte

(j) Ar imirce

Lig do Scíth!

Bain triail agus taitneamh as na puzail seo a leanas.

Tá na freagraí ar fáil ag Teachers' Resources ar www.mentorbooks.ie

Dréimire Focal

An féidir leat dul ón bhfocal SAOR go dtí an focal MALL i dtrí chéim, ag cumadh focail nua i ngach cás. Caithfidh brí ceart a bheith ag gach focal – ní féidir d'fhocail féin a chumadh! Níl aon tábhacht ag baint leis na síntí fada.

Athscríobh an bosca focal i do chóipleabhar agus bain triail as.
Sampla – ag dul ón bhfocal BEAN go dtí an focal SRÓN.

Puzal

☐ Tá triúr cailíní i gclann Uí Bhroin: Tóraí, Úna agus Clíodhna.
☐ Tá gruaig fhionn ar chailín amháin, gruaig rua ar chailín eile agus gruaig dhonn ar chailín eile.
☐ Tá siad 18, 13, agus 9 mbliana d'aois.
☐ Tá gruaig dhonn ar Thóraí atá ceithre bliana níos sine ná Úna. Tá gruaig rua ar an gcailín is sine. Cé hí? Cé hí an duine is óige? Cé a thagann sa lár?

An Ghaeilge Mórthimpeall Orm

Clár

An Ghaeilge: Teanga 'Oifigiúil' na hÉireann

 Scannán

Yu Ming Is Ainm Dom (13 nóiméad)

Seo scannán faoi fhear óg Síneach a tháinig go hÉirinn chun éalú ó bhochtanas agus leadrán an tsaoil sa tSín. Bhí ionadh agus díoma air, áfach, nuair a shroich sé Baile Átha Cliath.

Tá ocht ngradam déag buaite ag an scannán iontach seo ar fud an domhain agus ainmníodh do Ghradam Oscar é.

Féach ar an scannán agus freagair na ceisteanna seo a leanas i do chóipleabhar:

Tá *Yu Ming Is Ainm Dom* ar fáil ar an DVD *Gearrscannáin* ó Oideas Gael nó ar YouTube.

Ceisteanna
1. Cá raibh Yu Ming ina chónaí ag tús an scannáin?
2. Cén fáth ar shocraigh sé teacht go hÉirinn?
3. Cad a tharla nuair a shroich sé Baile Átha Cliath a chuir ionadh agus díomá air?
4. Cén réiteach *(solution)* a bhí aige ar an bhfadhb?
5. Ar thaitin an scannán leat. Cén fáth? (Féach an bosca foclóra thíos.)

Bosca Foclóra

greannmhar	funny
leadránach	boring
dochreidte	unbelievable
siamsúil	entertaining
áiféiseach	ridiculous
radharc tíre	scenery
príomhcharachtar	main character

 ## Tasc ealaíona

Mana Gaeilge
Níl focal Béarla ag Yu Ming. Mar sin, ba mhaith leis go labhródh daoine Gaeilge leis. Cum mana *(motto)* nó frása le cur ar t-léine a mheallfadh daoine chun Gaeilge a labhairt leis. (Is féidir brabhsáil ar an idirlíon chun inspioráid a fháil más mian leat.)

Déan é idir seo agus Seachtain na Gaeilge (10–17 Márta) agus caith go bródúil é i rith na seachtaine speisialta sin.

An Ghaeilge Mórthimpeall Orm

Muna bhfuil cónaí ort i nGaeltacht, an bhfuil aon Ghaeilge i do thimpeallacht?

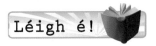

Bí ag caint!

Samhlaigh gur bhuail tú le Yu Ming (nó aon turasóir eile) atá ag tnúth le Gaeilge a fheiceáil timpeall air/ uirthi. Ag obair leis an duine in aice leat, déan liosta i do chóipleabhar d'áiteanna ina bhfuil an Ghaeilge le feiceáil i do shaol is do cheantar, nó más fearr leat déan collage de ghrianghrafanna agus íomhánna (féach ar na leideanna thíos).

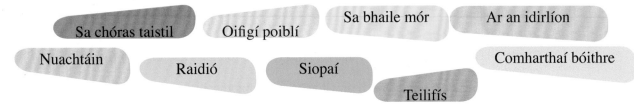

Sa chóras taistil

Oifigí poiblí

Sa bhaile mór

Ar an idirlíon

Nuachtáin

Raidió

Siopaí

Comharthaí bóithre

Teilifís

Léigh é!

Creid nó ná creid, tagann na mílte duine go hÉirinn gach bliain chun Gaeilge a fhoghlaim agus blas *(taste)* de chultúr na hÉireann a fháil. Léigh an giota thíos go ciúin tú féin ar dtús (tá na focail dheacra mínithe sa ghluais faoin bhun) agus bí réidh é a léamh os ard don rang. Ansin déan na ceachtanna a leanann.

Saoire is spóirt trí Ghaeilge!

1. Téann na mílte dalta scoile go Coláiste Samhraidh gach bliain chun Gaeilge a fhoghlaim. Uaireanta is **in aghaidh a dtola** a théann siad den chéad uair ach **don chuid is mó** de na daltaí agus iad ag teacht abhaile deirtear gurbh é an saoire ab fhearr a bhí acu **riamh**! **Ní hamháin** go dtagann **feabhas** ar an gcuid Gaeilge is a bh**féinmhuinín** ag labhairt na teanga, ach bíonn craic iontach acu, déanann siad dlúthchairde agus uaireanta, **fiú**, titeann siad i ngrá . . . leis an tcanga nó eile!

2. Ach, ní daltaí scoile amháin a théann ar saoire Gaeltachta. Ó Dhún na nGall go dtí An Daingean, Ráth Cairn go Rosmuc, tagann na mílte 'turasóirí cultúrtha' ó gach cearn den domhan gach uile bliain go Gaeltachtaí na tíre. **Is cuma** cén **t-ábhar spéise** atá acu is féidir é a fháil áit éigin – **ceirdeanna** traidisiúnta nó **grianghrafadóireacht** digiteach, dreapadóireacht nó damhsa, péintéireacht, surfáil nó ranganna ceoil traidisiúnta. Cloiseann na cuairteoirí an teanga bheo á labhairt go nádúrtha timpeall orthu gach lá agus an ceol beo sna 'seisiúin' gach oíche.

3. 'Séard a chiallaíonn 'Gaeltacht' ná áit ina labhraíonn an pobal an Ghaeilge mar a bpríomhtheanga laethúil. Is croí na teanga í agus sin an fáth go bhfuil sé tábhachtach tacaíocht a thabhairt do na ceantair seo agus iad a **chaomhnú** mar **thobar saibhir** na teanga.

4. Le blianta beaga anuas tá fás is **forbairt** iontach tagtha ar **réimse** na n-imeachtaí atá ar fáil trí Ghaeilge sna Gaeltachtaí agus sa **Ghalltacht** araon. Is sampla maith é seo Scoil Surfála agus Ionad Gníomhaíochta 'Freedom' sa Trá Mhór i gContae Phort Lairge, inar féidir triail a bhaint as **blóchartáil** agus **clárchoirpeáil** nó fiú do chóisir bhreithlae a eagrú trí mheán na Gaeilge! Anois, níl leithscéal dá laghad againn!

Gluais		
in aghaidh a dtola: against their will	**ceirdeanna:** crafts
don chuid is mó: for most of	**grianghrafadóireacht:** photography
riamh: ever	**caomhnú:** preserve
ní hamháin: not only	**tobar saibhir:** rich well/source
feabhas: improvement	**forbairt:** develop
féinmhuinín: self-confidence	**réimse:** range
fiú: even	**Galltacht:** English-speaking area in Ireland
is cuma: it doesn't matter	**blóchartáil:** blowkarting
ábhair spéise: interests	**clárchoirpeáil:** bodyboarding

Ceisteanna

1. Conas a bhaineann daltaí scoile taitneamh is tairbhe *(benefit)* as tréimhse *(period of time)* sa Ghaeltacht, dar leis an údar?
2. Cén fáth a bhfuil sé tábhachtach an Ghaeltacht a chaomhnú, dar leis an údar?
3. Ainmnigh roinnt imeachtaí atá ar fáil trí mheán na Gaeilge sa Ghaeltacht agus sa Ghalltacht.

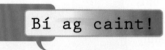

Ag obair leis an duine in aice leat cuirigí na ceisteanna seo ar a chéile.

- An raibh tú riamh sa Ghaeltacht? Cén Ghaeltacht?
- Cathain a bhí tú ann?
- An ndeachaigh cara leat?
- Ar bhain tú taitneamh as? Cén fáth?
- Ar tháinig feabhas ar do chuid Gaeilge? Ar mhaith leat dul ar ais?
- Muna raibh tú *(if you were not)* sa Ghaeltacht, ar mhaith leat dul ann? Cén fáth?

Gaeltachtaí na hÉireann

Scríobh alt gearr nó déan 'powerpoint' ar Ghaeltachtaí na hÉireann nó ceann de na Gaeltachtaí thar lear *(abroad)*. Cuir do thionscnamh i láthair don rang.

- Cá bhfuil na Gaeltachtaí éagsúla?
- Cad is ainmneacha dóibh?
- Cén canúintí *(dialects)* Gaeilge a labhraítear iontu?
- Cad iad príomhbhailte na nGaeltachtaí?
- Cén fáth a bhfuil Gaeilge á labhairt sna Gaeltachtaí amháin anois agus ní ar fud na tíre?

Gaeilge sna Meáin Chumarsáide

Ní sa Ghaeltacht amháin a fheictear is a chloistear Gaeilge na laethanta seo. Tá an teanga ar fáil anois go rialta sna meáin chumarsáide *(media)* – ar an teilifís, ar an raidió, sna nuachtáin agus ar an idirlíon.

Léigh é!

Léigh an giota thíos go ciúin tú féin ar dtús agus bí réidh é a léamh os ard don rang. Ansin déan na ceachtanna a leanann.

Raidió Rí-Rá

1. Is **cairtstáisiún** Gaeilge é Raidió Rí-Rá atá á **chraoladh** 24 uair gach lá ar-líne ag www.rrr.ie. Is féidir an stáisiún a fháil ar ghutháin Nokia, ar an iPhone, ar an iTouch agus ar ardán DAB. Is stáisiún ceoil nua-aimseartha é atá dírithe ar dhaoine óga, agus deirtear gurb é an t-aon stáisiún don **aos óg** *ar domhan* atá á chraoladh i mionteanga.

2. **Spreagann** Raidió Rí-Rá daoine óga an teanga a úsáid ar bhealach **spraíúil**, **nuálaíoch** lasmuigh den seomra ranga, go mórmhór lena chlár cairteacha, an pop-nuacht is déanaí, spórt agus a seónna scoile. Bíonn comórtais ar siúl idir clubanna Gaeilge agus clubanna óige agus an **béadán** is na scannail is déanaí faoi na **réalta** le cloisteáil.

3. Is clár speisialta é *Ruaille Buaille sa Rang* a chraoltar beo gach Aoine ó 12pm–2pm go scoileanna na tíre. Is clár **idirghníomhach** é a thugann seans do dhaltaí scoile an teanga a úsáid go **bródúil** trí chur isteach ar chomórtais nó labhairt beo ar an aer. 'Tá áthas an domhain orm,' a dúirt Gina Ní Chathasaigh, duine de **láithreoirí** an chláir, 'go mbíonn seans agam féin Gaeilge a labhairt gach seachtain ar Raidió Rí-Rá. Is aoibhinn liom é!'

4. Is daoine óga iad féin a chuireann cláir Raidío Rí-Rá ar siúl. Téann siad amach go scoileanna chun *vox pops* a dhéanamh le daoine óga agus a d**tuairimí** a fháil ar an stáisiún. Más mian leat cuairt a fháil ó Raidió Rí-Rá ar do scoil nó labhairt leis an stáisiún beo ar an aer cuir do **shonraí** go eolas@rrr.ie. Is féidir **teagmháil** a dhéanamh leis na láithreoirí ar fad trí theachtaireacht a fhágáil ar Facebook nó téacs a chur chuig (085) 8409009.

5. Éisteann 4,000 duine timpeall an domhain le Raidió Rí-Rá gach mí agus bíonn sé ar fáil ag 1.5 milliún duine anseo in Éirinn. **Tabhair cluas dó** lá éigin.

Gluais

cairtstáisiún: chart station	**nuálaíoch:** innovative	**tuairimí:** opinions
craoladh: broadcast	**béadán:** gossip	**sonraí:** details
aos óg: young people	**réalta:** stars	**teagmháil:** contact
spreagann: inspires/ encourages	**idirghníomhach:** interactive	**tabhair cluas dó:** listen to it
spraíúil: fun	**bródúil:** proudly	
	láithreoirí: presenters	

Ceisteanna

1. (a) Cén sórt stáisiúin é Raidió Rí-Rá?
    (b) Cá bhfuil sé ar fáil?
2. (a) Cad atá speisialta faoin stáisiún raidió?
    (b) Cén bhaint atá ag daoine óga leis an raidió?

3. Cén fáth a ndeirtear gur clár 'idirghníomhach' é Ruaille Buaille sa Rang?
4. Cén modhanna nua-aimseartha a úsáideann Raidió Rí-Rá chun daoine óga a spreagadh an Ghaeilge a labhairt?
5. Ainmnigh stáisiún raidió Gaeilge eile atá ar fáil.

 **Tasc scríofa**

Gaeilge ar an idirlíon

Déan liosta i do chóipleabhar de na suíomhanna idirlín a mholfá do thurasaóirí cultúrtha chun na rudaí seo a leanas a dhéanamh.

1. Focail a aistriú ó Bhéarla go Gaeilge
2. Féachaint ar chláir Ghaeilge ar líne
3. Labhairt le Gaeilgeoirí eile ar líne
4. Leabhar Gaeilge a cheannach
5. Éisteacht le ceol ar líne
6. Eolas a fháil faoi chúrsaí Gaeilge
7. Gaeilge a fhoghlaim ar líne

 # Tasc taighde

Tá rogha mhór cláir Ghaeilge ar fáil anois ar chainéil *(channels)* theilifíse éagsúla in Éirinn. Athscríobh an ghreille thíos i do chóipleabhar agus líon isteach ainm cláir amháin sna catagóirí seo a leanas. Is féidir úsáid a bhaint as leathanach na teilifíse i nuachtán nó as an idirlíon.

Sórt Cláir	Ainm an Chláir	Cainéal Teilifíse	Lá	Am
Clár do Pháistí				
Clár Spóirt				
Clár Faisin				
Sobalchlár				
Clár Nuachta				
Clár Cairteacha				
Clár do Dhéagóirí				
Clár Réaltachta				
Clár faoi Scannáin				
Clár Faisnéise				

Bí ag caint!

Ag obair leis an duine in aice leat cuirigí na ceisteanna seo ar a chéile.

- An bhféachann tú ar TG4 go rialta?
- Cad é an clár teilifíse is fearr leat? Cén fáth?
- Muna bhféachann tú *(if you do not watch)* ar TG4 cad é an clár teilifíse is fearr leat ar chainéal eile? Cén fáth?

Cé gur teanga ársa *(ancient)* í an Ghaeilge ní féidir a rá gur teanga sheanfhaiseanta, as dáta í! Inniu tá pobal nua ag an nGaeilge – daoine atá líofa agus daoine ar bheagán Gaeilge ag teacht le chéile timpeall an domhain . . . ag téacsáil, ag tuíteáil, is ag comhrá trí Ghaeilge ar shuíomhanna sóisialta. 'Virtual Gaeltachtaí' a thugtar ar an bpobal nua seo agus is tuar dóchais *(sign of hope)* iad do thodhchaí *(future)* na teanga.

Bain triail as an gceacht thíos go bhfeice tú an bhfuil tusa in ann téacsáil trí Ghaeilge nó TX caint a léamh.

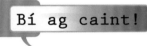

Bí ag caint!

TX Caint

1. Ag obair leis an duine in aice leat, abair na nathanna TX caint seo os ard agus cuir Béarla orthu.

- Cns ta 2 / KnsT2?
- An8 (Anocht)
- Tbo / Brónsies (Soz)
- GOA (LOL)
- Sgf

- Gm
- Cáwil2?
- 7n (seachtain)
- OMD (OMG)

Roinnt TX caint eile . . .

- LMFAO → ABMTAG (Ag briseadh mo thóin ag gáire)
- ROFL → RTUG ('Rolladh timpeall an urláir ag gáire)
- YOLO → NASAA (Níl ach saol amháin agat)
- Having the bants! → Bhí an-chraic againn.
- Totes → Cinnte winnte
- Savage → Sabháiste cabáiste
- Epic → Cúla búla
- Sound Man → Fear fónta
- Whatevr → Cadevr
- Get outta me garden! → Faigh as mo ghairdín!

2. Seo thíos roinnt nathanna comónta i dtéacsteanga Béarla. Aistrigh go Gaeilge iad i do chóipleabhar agus ansin cuir leagan TX caint orthu.

Téacs Béarla	Aistriúchán Gaeilge	TX Caint
W8 4 me	Fan liom	FL
Wer r u?	Cá bhfuil tú?	Cáwil2?
Tnx		
BRB		
C u l8r		
Fone me pls		

35

Téacs Béarla	Aistriúchán Gaeilge	TX Caint
Hv d8 2nite		
R u doin enting 2 nite?		
Wud u lyk 2 com ova?		
R u 4 real!		
Txin s bad 4 ur grama!		

Gaelaigh do Shaol!

10 leid chun do shaol a ghaelú gan stró

1. Abair 'Dia dhuit', 'Go raibh maith agat' agus 'Slán' le duine éigin gach lá.
2. Athraigh do theachtaireacht ar do theileafón baile nó do theileafón póca go Gaeilge:

> Haigh/Dia dhuit. (D'ainm) anseo. Fág teachtaireacht agus glaofaidh mé ar ais ort. Go raibh maith agat.

3. Athraigh do leathanach Google go Gaeilge.
4. Bain úsáid as an leagan Gaeilge de d'ainm ar Facebook nó cláraigh leis an suíomh sóisialta Gaeilge 'AbairLeat!'.
5. Bain úsáid as TXcaint: grma, tbo, sgf, ndd . . .
6. Cuir Raidió Rí-Rá (www.rrr.ie) nó Raidió na Life (www.raidionalife.ie) ar siúl sa chúlra agus tú ar do ríomhaire.
7. Féach ar chlár amháin ar TG4 gach seachtain. (Roghnaigh clár a thaitneodh leat i mBéarla agus fiú muna dtuigeann tú gach focal tiocfaidh feabhas ar do chuid Gaeilge i ngan fhios duit féin.)
8. Ceannaigh T-léine le mana Gaeilge air (féach www.gaelshirt.ie).
9. Léigh Foinse (a thagann saor in aisce leis an Irish Independent gach Céadaoin) nó Gaelscéal (www.gaelsceal.ie chun cóip digiteach a léamh).
10. Roghnaigh cártaí Gaeilge do bhreithlaethanta agus ócáidí speisialta. Tá rogha mhór de chártaí áille ar fáil i siopaí agus ar líne.

Ceachtanna Cluastuisceana

1. Éist leis an gcomhrá thíos idir Ana agus Pól agus freagair na ceisteanna i do chóipleabhar.

Traic 9

ANA: Haigh, a Phóil. Cén fáth go bhfuil tú déanach? Thosaigh mise ar an obair bhaile fiche nóiméad ó shin.

PÓL: Tá brón orm, Ana. Bhí mé ag féachaint ar an teilifís agus ní fhaca mé an t-am.

ANA: Cad air a raibh tú ag féachaint? Caithfidh go raibh sé go han-mhaith!

PÓL: Bhí mé ag féachaint ar *Modern Family* an clár is fearr liom ar an teilifís faoi láthair.

ANA: Níor chuala mé riamh faoi. Cén sórt cláir é?

PÓL: Is clár grinn ó Mheiriceá é. Tá sé suite i Meiriceá agus leanann sé trí chlann atá gaolta le chéile – tá an t-athair pósta den dara huair le bean ó Cholumbia darb ainm Gloria. Tá a iníon ón gcéad phósadh, Clare, pósta le Phil atá beagáinín dúr ach deas. Agus tá a mhac homoghnéasach ina chónaí lena pháirtí, Cam, agus tá cailín óg altrama ó Vietnam acusan.

ANA: Ó a Dhiabhail! Tá cuma an-chasta ar an scéal.

PÓL: Níl sé casta ar chor ar bith. Tá sé éasca é a leanúint agus tá sé an-ghreannmhar. Is é Cam an carachtar is fearr liom . . . tá sé mór agus ramhar agus tá sé an-drámatúil agus giodamach. Déanann sé rudaí áiféiseacha i ngach eipeasóid. Is aoibhinn liom é!

ANA: Bhuel, b'fhéidir go bhféachfaidh mé air lá éigin nuair a bhíonn an t-am agam.

PÓL: Ba chóir duit, Ana. Tabharfaidh sé sos duit ón obair bhaile agus geallaim duit go mbainfidh tú taitneamh as!

Ceisteanna

1. Cén fáth go raibh Pól déanach ag bualadh le hAna?
2. Cad is ainm don chlár a raibh sé ag féachaint air?
3. Cén sórt cláir é?
4. Cá bhfuil sé suite?
5. Cé hé/hí an carachtar is fearr le Pól?
6. Cad a mholann Pól d'Ana a dhéanamh agus cén fáth?

2. Éist le Comhrá 2 ar an bpodchraoladh idir Caoimhe agus Ultan agus freagair na ceisteanna seo i do chóipleabhar.

Ceisteanna

Traic 10

1. Cad é an clár teilifíse is fearr le Caoimhe?
2. Cén stáisiún teilifíse a chraolann é?
3. Cén sórt cláir é?
4. Cad is ainm don phríomhcharachtar?
5. Cad a cheapann Ultan faoi?
6. Cén sórt cláir a thaitníonn le hUltan?

Tasc scríofa

Léirmheas ar chlár téilifíse

Scríobh léirmheas *(review)* ar an gclár teilifíse is fearr leat. Féach ar na pointí thíos chun cabhrú leat. Cuir i láthair don rang é.

- Cineál cláir: Clár grinn; clár réaltachta; clár spóirt; clár ceoil; clár ficsean eolaíochta; clár faisin
- Suíomh *(setting)*:   Tá an clár suite i . . .
- Carachtair: Is é/í . . . an príomhcharachtar. Is duine . . . é/í
  Is iad . . . na príomhcharachtair. Is daoine . . . iad.
  Déan cur síos orthu (féach ar an mbosca aidiachtaí thíos).
- Scéal: Príomhimeachtaí *(main events)*
- Lá/am/bealach: Cathain a bhíonn sé ar siúl agus cén bealach teilifíse?
- Tuairimí: Go hiontach; greannmhar; suimiúil; corraitheach *(exciting)*; nua-aimseartha

Aidiachtaí (adjectives)

Bosca Foclóra

angry	-	feargach	impatient	-	mífhoighneach
artistic	-	ealaíonta	independent	-	neamhspleách
bad-mannered	-	droch-bhéasach	interesting	-	suimiúil
brave	-	cróga	jealous	-	éadmhar
boring	-	leadránach	kind	-	cineálta
charming	-	plámásach	lazy	-	leisciúil
chatty	-	cainteach	lonely	-	uaigneach
chatty/'gobby'	-	geabach	loyal	-	dílis
cheerful	-	gealgháireach	malicious	-	mailíseach
childish	-	páistiúil	neat	-	néata
clever	-	cliste/glic	nervous	-	neirbhíseach
confident	-	féinmhuiníneach	optimistic	-	dóchasach
cross	-	crosta	organised	-	eagraithe
cruel	-	cruálach	patient	-	foighneach
curious	-	fiosrach	pessimistic	-	duairc
disorganised	-	mí-eagraithe	proud	-	bródúil
dramatic	-	drámatúil	quiet	-	ciúin
easygoing	-	réchúiseach	romantic	-	rómánsúil
elegant	-	galánta	sad	-	brónach
enthusiastic	-	díograiseach	selfish	-	leithleach
foolish	-	amaideach	serious	-	dáiríre
friendly	-	cairdiúil	shy	-	cúthaileach
funny	-	greannmhar	snobby	-	ardnósach
generous	-	flaithiúil	sporty	-	spórtúil
gentle	-	lách/séimh	strong	-	láidir
grumpy	-	cantalach	stubborn	-	ceanndána
happy	-	sona	talkative	-	cainteach/geabach
helpful	-	cabhrach	understanding	-	tuisceanach
honest	-	macánta	unfriendly	-	neamhchairdiúil
hot-tempered	-	teasaí	well-mannered	-	deabhéasach
hyper/giddy	-	giodamach			

Saotharlann Filíochta

Bí ag caint!

Sraith pictiúr 'Jack'

Ag obair leis an dalta in aice leat, déan cur síos i nGaeilge ar gach pictiúr thíos. Tosaigh mar seo:

Sa chéad pictiúr feicim . . .

Sa dara pictiúr tá . . .

I bpictiúr a trí feicim/tá . . .

(Déan tusa pictiúr a haon, do pháirtí pictiúr a dó agus mar sin de.)

Anois cuirigí na ceisteanna seo a leanas ar a chéile:

Pictiúr 1	• Cad is ainm don bhuachaill is don chailín sna pictiúir thuas?
	• Déan cur síos orthu.
	• Cad atá á dhéanamh acu sa chéad phictiúr?
Pictiúr 2	• Cé eile atá i bpictiúr a dó?
	• Cén sórt solais atá ann?
Pictiúr 3	• Déan cur síos ar Jack i bpictiúr a trí.
	• Cén aois anois é, an dóigh leat?
	• An bhfuil sé pósta?
	• An bhfuil leanaí aige?
Pictiúr 4	• Cá bhfuil Máire i bpictiúr a ceathair?
	• Cén aois í, an dóigh leat?
	• Cad atá á dhéanamh aici?
	• Cé air a bhfuil sí ag cuimhneamh (remembering)?

Dán Grá: 'Jack'

Seo dán le Máire Mhac an tSaoi, duine de mhórfhilí na Gaeilge. 'Jack' an teideal atá air. Is dán é faoi bhuachaill ar bhuail Máire leis sa Ghaeltacht nuair a bhí an bheirt acu óg. Cé go bhfuil na blianta imithe thart anois tá cion (*affection*) fós ag an bhfile ar Jack. Seo an dán a chum sí faoi.

Jack

Strapaire fionn sé troithe ar airde,
Mac feirmeora ó iarthar tíre,
Ná cuimhneoidh feasta go rabhas-sa oíche
Ar urlár soimint aige ag rince,

Ach ní dhearúdfad a ghéaga im thimpeall,
A gháire ciúin ná a chaint shibhialta
Ina léine bhán is a ghruaig nuachíortha
Buí fén lampa ar bheagán íle.

Fágfaidh a athair talamh ina dhiaidh aige,
Pósfaidh bean agus tógfaidh síolbhach,
Ach mar conacthas domhsa é arís ní chífear
Beagbheann ar chách mar 'gheal lem chroí é.

Barr dá réir go raibh air choíche!
Rath is séan san áit ina mbíonn sé!
Mar atá tréitheach go dté crích air –
Dob é an samhradh so mo rogha 'pháirtí é.

Gluais

strapaire: buachaill/fear láidir, dathúil: a 'strapping' young man
ná cuimhneoidh: ní chuimhneoidh sé: he will not remember
feasta: as seo amach/sa todhchaí: in the future
go rabhas-sa: go raibh mé
ní dhearúdfad: ní dhéanfaidh mé dearmad: I will not forget
a ghéaga: a lámha (arms)
sibhialta: deas/dea-bhéasach: civilised/well-mannered
nuachíortha: chíor sé a ghruaig le déanaí
ar bheagán íle: ní raibh a lán ola (oil) sa lampa

talamh: feirm
síolbhach: clann (páistí)
conacthas: chonaic
ní chífear: ní fheicfidh aon duine é
beagbheann ar chách: ní raibh súil aige d'éinne eile: he only had eyes for me
barr dá réir: go n-éirí leis
choíche: i gcónaí: always
rath: ádh: good luck
séan: sonas/áthas
mo rogha 'pháirtí: mo rogha buachalla: my choice of partner/boyfriend

Staidéar ar an dán

1. Scríobh leagan Béarla den dán amach i do chóipleabhar. (Bain úsáid as an ngluais.)
2. Ceisteanna Eolais
   (a) Cén post a bhí ag athair Jack?
   (b) Cá raibh sé ina chónaí?
   (c) Cad a bhí á dhéanamh ag Máire agus Jack sa chéad véarsa?
   (d) Cén sórt urláir a bhí san áit?
   (e) Cad a bhí timpeall ar an bhfile i véarsa a dó?
   (f) Déan cur síos ar Jack ó na híomhánna *(pictiúir)* atá i véarsa a haon agus a dó.
3. Ceist Chomparáide
   Is dán grá é 'Jack'. Tá an file ag smaoineamh siar ar bhuachaill a raibh sí i ngrá leis blianta ó shin. Guíonn sí gach ádh air anois mar deir sí gur bhuachaill álainn é agus go bhfuil saol deas tuillte aige. An bhfuil aon dán grá nó amhrán grá ar eolas agat i mBéarla a bhfuil an téama céanna ann? Ainmnigh é agus déan cur síos gairid ar scéal an dáin/amhráin. Cé a scríobh é nó cé a chanann é?

Tasc scríofa

Tuít no téacs

Lig ort gur tusa Máire sa dán thuas. Cuir tuít (140 carachtar – litreacha agus spásanna) nó téacs gearr chuig do chara ag cur síos ar Jack – go fisiciúil agus ar a phearsantacht.
Sampla: Bhuail mé le buachaill 'te' aréir, ard, aclaí, gruaig . . .

Tasc cumadóireachta

Anois, bíodh roinnt craic agat agus bain taitneamh as an teanga!
1. Lig ort gur tusa Jack. Cum dán grá (véarsa *nó* dó) ag cur síos ar Mháire. Is féidir an dán a bhunú ar an oíche atá luaite sa dán *nó* ar oíche eile.

   Roinnt smaointe chun cabhrú leat:
   - An raibh sí beag nó ard?
   - An raibh gruaig fhada fhionn uirthi nó gruaig rua spíceáilte nó eile?
   - Cén sórt éadaí a bhí uirthi?
   - Cén sórt duine í – cainteach, glórach, greannmhar, ciúin, cúthaileach?
   - Cár bhuail tú léi?
   - Ar mhaith leat bualadh léi arís?

   Sampla:
   Cailín beag bídeach gan cosa ró-fhada
   Iníon mhúinteora ó Chontae Chill Dara
   Gealgháireach is cainteach le beola móra dearga
   Is fáinní i ngach áit, óir, airgid is daite.

nó

2. Scríobh véarsa den dán 'Jack' *mar dhán nua-aimseartha.*

Roinnt smaointe chun cabhrú leat:

- An bhfuil léine bhán ar Jack nó t-léine le banna ceoil nó rapadóir air?
- An bhfuil gruaig nua-chíortha air nó gruaig ghearr, geláilte?
- An bhfuil lampa íle nó soilse dioscó ann?
- An bhfuil siad ag damhsa i gclub oíche nó i halla an phobail?
- Cén sórt duine é?

Sampla

Strapaire dubh, ard is macánach *(muscular)*
Mac an dochtúra ó Bhaile na Life
Nach gcuimhneoidh amárach go raibh mé aréir
Ar urlár 'Chlub 92' aige ag rince.

Téigh go **www.poetryireland.ie/education**
'Writers in Schools' más maith leat cuireadh a
thabhairt d'fhile Gaeilge teacht go dtí do scoil.

Téigh go **www.cuirt.ie/cuirt-new-writing** más
mian leat cur isteach ar an gcomórtas filíochta.

 Tasc scríofa

Scéal Mháire is Jack

Cad a tharla do Jack agus do Mháire tar éis an tsamhraidh sin?

- Ar bhuail siad le chéile riamh arís?
- Ar thit Jack i ngrá le bean áitiúil nó an raibh sé croíbhriste i ndiaidh Mháire?
- An ndeachaigh sé isteach san Arm, an bhfuair sé bás go tragóideach?
- Ar phós Máire milliúnaí agus an bhfuil sí anois ina cónaí mar 'tax exile' i bpálas i Monaco nó ar imigh sí isteach i gclochar *(convent)*?
- B'fhéidir gur chuir Jack fógra sa pháipéar 20 bliain ina dhiaidh sin ag lorg Máire agus gur léigh sí é . . .
- Ar bhuail siad le chéile arís ag deireadh a saolta in Ospidéal na Seandaoine?

Scríobh scéal gearr (15–20 líne) ag insint a scéil. Féach ar Ghreim ar Ghramadach thíos agus déan athchleachtadh ar an Aimsir Chaite sula dtosaíonn tú ar an scéal.

Greim ar Ghramadach

An Aimsir Chaite (Past Tense)

Look at the notes and examples below to revise how to write regular verbs in the Aimsir Chaite.

- If the verb begins with a consonant (b, c, d, g, m, p, s, t) put a séimhiú 'h' after the first letter of the verb:
  Bhris **Ch**aith **Th**óg
- If the verb begins with a vowel put a d' before the verb:
  D'oscail **D'é**irigh **D'í**oc.
- If the verb begins with an 'f' put BOTH a d' and a séimhiú:
  D'fhéach   **D'fh**an
- If the verb begins with the letters **l, n, r, sc, sm, sp, st** do not make any change to the verb:
  Léim **N**igh **R**ith **Sc**ríobh **Sm**aoinigh **Sp**reag **St**op
- If you want to ask a question in the Past Tense or write the verb in the NEGATIVE, put 'Ar' or 'Níor' before the verb:
  Ar bhuail?   **Ar fh**ág?   **Ar** éirigh?
  Níor bhuail   **Níor fh**ág   **Níor** éirigh

Briathra Comónta (commonly used verbs) * Briathra neamhrialta – féach ar lch 45

A

Answer	–	Freagair		
Ask (a question)		–	Fiafraigh (de)	
Ask (to do something)	–	Iarr (ar)		
Attack	–	Ionsaigh		

B

Be*	–	Bí*
Begin/Start	–	Tosaigh
Beat/Hit	–	Buail
Break	–	Bris
Buy	–	Ceannaigh
Believe	–	Creid

C

Call	–	Glaoigh (ar)
Catch*	–	Beir*
Change	–	Athraigh
Clean	–	Glan
Climb	–	Dreap
Collect	–	Bailigh
Come*	–	Tar*
Cut	–	Gearr
Cycle	–	Rothaigh

D

Decide	–	Socraigh
Divide	–	Roinn
Do/Make*	–	Déan*
Drink	–	Ól
Drive	–	Tiomáin

E

Eat*	–	Ith*
Escape	–	Éalaigh
Examine	–	Scrúdaigh

F

Fall	–	Tit
Fail	–	Teip (ar)
Fight	–	Troid
Find/Get*	–	Faigh*
Finish	–	Críochnaigh
Fix/Repair	–	Deisigh
Follow	–	Lean

G

Get/Find*	–	Faigh*
Get up	–	Éirigh

Grow	– Fás		Put	– Cuir
Go*	– Téigh*			
Give*	– Tabhair*		**R**	
			Read	– Léigh
H			Reach	– Sroich
Hear*	– Clois*		Refuse	– Diúltaigh
Help	– Cabhraigh		Rob/Steal	– Goid
Hit	– Buail		Run	– Rith
Hurry	– Brostaigh			
Hurt/Injure	– Gortaigh		**S**	
			Say*	– Abair*
J			Save	– Sábháil
Jump	– Léim		Scream	– Scread
			See*	– Feic*
K			Sell	– Díol
Keep	– Coimeád		Shout	– Béic
Kill	– Maraigh		Show	– Taispeáin
Kiss	– Póg		Sing	– Can
Knock (on door)	– Cnag		Sit	– Suigh
Knock down	– Leag		Sleep	– Codail
			Smoke	– Caith tobac
L			Speak	– Labhair
Laugh	– Gáir		Spend	– Caith
Leave	– Fág		Stand	– Seas
Lie (down)	– Luigh (síos)		Start	– Tosaigh
Light	– Las		Stay	– Fan
Listen	– Éist		Steal	– Goid
Live	– Cónaigh		Stop	– Stop/Stad
Look at	– Féach (ar)			
Lose	– Caill		**T**	
			Take	– Tóg
M			Take off	– Bain (de)
Make/Do*	– Déan*		Tell	– Inis (do)
Marry	– Pós		Think (a fact)	– Ceap
Meet	– Buail (le)		Think (about something)	– Smaoinigh
			Throw	– Caith
O			Turn /Twist	– Cas
Open	– Oscail			
Order	– Ordaigh		**U**	
			Use	– Úsáid
P				
Pay (someone)	– Íoc		**W**	
Pay (for something)	– Íoc (as)		Wake up	– Dúisigh
Pick	– Pioc		Walk	– Siúl
Play (sport)	– Imir		Wash	– Nigh
Play (instrument)	– Seinn		Win	– Buaigh
Prepare	– Ullmhaigh		Work	– Oibrigh
Pretend	– Lig (ar)		Write	– Scríobh
Promise	– Geall			

* Briathra neamhrialta – féach ar lch 45

Briathra Neamhrialta (irregular verbs)

The 11 irregular verbs, listed below, do not always follow the above rules and should be learned by heart.

Bí	**Téigh**	**Feic**
Bhí mé (I was)	Chuaigh mé (I went)	Chonaic mé (I saw)
Bhíomar (We were)	Chuamar (We went)	Chonaiceamar (We saw)
Ní raibh mé	Ní dheachaigh mé	Ní fhaca mé
Ní rabhamar	Ní dheachamar	Ní fhacamar

Abair	**Déan**	**Faigh**
Dúirt mé (I said)	Rinne mé (I did/made)	Fuair mé (I got/found)
Dúramar (We said)	Rinneamar (We did/make)	Fuaireamar (We got/found)
Ní dúirt mé	Ní dhearna mé	Ní bhfuair mé
Ní dúramar	Ní dhearnamar	Ní bhfuaireamar

Clois	**Tabhair**	**Tar**
Chuala mé (I heard)	Thug mé (I gave)	Tháinig mé (I came)
Chualamar (We heard)	Thugamar (We gave)	Thángamar (We came)
Níor chuala mé	Níor thug mé	Níor tháinig mé
Níor chualamar	Níor thugamar?	Níor thángamar

Ith	**Beir**
D'ith mé (I ate)	Rug mé (I caught)
D'itheamar (We ate)	Rugamar (We caught)
Níor ith mé	Níor rug mé
Níor itheamar	Níor rugamar

Tasc Gramadaí

A   Briathra Rialta
Roghnaigh deich mbriathar as an mbosca 'Briathra Comónta' ar na leathanaigh roimhe seo agus cuir in abairtí san Aimsir Chaite iad a léireoidh a mbrí is a gceartúsáid.
Sampla: Thit an buachaill beag den rothar agus thosaigh sé ag caoineadh.

B   Briathra Neamhrialta
Cuir Gaeilge ar na habairtí seo a leanas:
1.   I heard the car coming but it was too late.
2.   We went to the party last night but we did not go to the nightclub.
3.   The teacher said to go to the Principal. He did not say why.
4.   The Gardaí found the bag but they did not get the money.
5.   Aoife gave money to the man but he did not give her the ticket.
6.   I did not hear the dog, but he saw me!
7.   We were not in the house last night, we were camping at Oxegen.
8.   Casillas caught the ball and Spain won the match.
9.   My parents came home from Majorca yesterday.
10.   I did not come home in time but my parents did not catch me.
11.   I made a big mistake (botún) – I did not do my homework.
12.   We ate breakfast at 8 o'clock but we did not eat again until midnight.

Féinmheasúnú
Cad atá foghlamtha agam?

Ceist 1: Tráth na gCeist

(a) Cad is brí le 'Gaeltacht'?

(b) Cad is brí le 'Galltacht'?

(c) Conas a scríobhtar na focail seo a leanas i TX Caint? (i) Conas atá tú? (ii) Slán go fóill. (iii) Go raibh maith agat.

(d) Luaigh **dhá** rud a mholtar chun do shaol a ghaelú.

(e) Ainmnigh trí spórt éagsúla gur féidir a dhéanamh trí Ghaeilge sa Ghaeltacht nó sa Ghalltacht.

(f) Ainmnigh clár amháin do dhéagóirí a chraoltar ar TG4 agus abair cén saghas cláir é.

(g) Ainmnigh nuachtán amháin Gaeilge agus abair cá bhfuil sé le fáil.

(h) Cé a chum an dán 'Jack'?

(i) Cén sórt dáin é?

Ceist 2: Aimsir Chaite

Cuir Gaeilge ar na leithscéalta comónta seo a thugann daltaí nuair nach mbíonn obair bhaile déanta acu!

(a) I left my book in my locker yesterday by mistake.

(b) I was sick last night and I went to bed.

(c) My grandmother went to hospital last night and I was very upset.

(d) I left my bag on the bus this morning.

(e) I gave my book to my friend and she is not in today.

Ceist 3: Óráid: 'An clár teilifíse is fearr liom.'

Scríobh óráid ghearr faoin gclár teilifíse is fearr leat. Cuir i láthair don rang í.

LIG DO SCÍTH!

Bain taitneamh as an Tráth na gCeist agus an Dréimire Focal thíos.

Tá na freagraí ar fáil ag Teachers' Resources ar www.mentorbooks.ie

Tráth na gCeist: An bhfuil aon seans agat sa ghrá?

Léigh na habairtí thíos agus socraigh ar 'F' (fíor) nó 'B' (bréagach) de réir do thuairime. (Tá na freagraí ar fáil ag Teachers' Resources ar www.mentorbooks.ie) Nuair atá do scór agat, féach ar an ngreille thíos chun é a mhíniú.

A	Is í bialann Iodálach an áit is fearr do dhaoine atá ag dul amach le chéile den chéad uair. Fíor nó bréagach?
B	Má phógann fear a bhean chéile ar maidin maireann sé cúig bliana níos faide agus faigheann sé poist níos fearr. Fíor nó bréagach?
C	Titeann mná i ngrá níos tapúla ná fir. Fíor nó bréagach?
D	Má íocann bean an bille ar an gcéad choinne is léir go bhfuil an-suim aici san fhear. Fíor nó bréagach?
E	De réir suirbhé is é Philadelphia International Airport an t-aerfort is fearr chun titim i grá. Fíor nó bréagach?
F	Is fearr le mná fir a chaitheann éadaí glasa. Fíor nó bréagach?
G	Is í an áit is fearr chun fear nó bean a fháil ná d'ionad oibre. Fíor nó bréagach?
H	Nuair a fhéachann duine ar shuíomh sóisialta is é an rud is mó a bhfuil suim aige/aici ann tar éis do ghrianghraf a fheiceáil ná do chaitheamh aimsire. Fíor nó bréagach?
I	Tá níos mó seans agat go dtitfidh do chara i ngrá leat má théann sibh ar *rollercoaster* le chéile ar an gcéad choinne. Fíor nó bréagach?
J	Má phósann tú roimh 24 bliana d'aois tá seans níos mó go mbrisfidh an pósadh suas. Fíor nó bréagach?
	Scór 1 - 3 Ná tit i ngrá ró-luath, níl mórán ar eolas agat faoi! 4 – 7 Tá seans níos mó agatsa, ach ná pós go fóill! 8 - 10 Maith thú! Is saineolaí *(expert)* tú ar chúrsaí grá!

DRÉIMIRE FOCAL

An féidir leat dul ón bhfocal SEAN go dtí an focal CEOL i dtrí chéim, ag cumadh focal nua i ngach cás. Caithfidh brí cheart a bheith ag gach focal – ní féidir d'fhocail féin a chumadh! Níl aon tábhacht ag baint leis na síntí fada. Athscríobh an bosca focal i do chóipleabhar agus bain triail as.

S	E	A	N
C	E	O	L

Spórt

' Ní hábhar beatha nó báis é,
tá sé níos tábhachtaí ná sin. '

Bill Shankley, Iar-bhainisteoir Liverpool FC

Clár

Réamhrá

An bhfuil suim agat i gcúrsaí spóirt? An maith leat na cluichí Gaelacha nó an 'cluiche álainn' nó an dtugann tú tacaíocht d'fhoireann rugbaí na hÉireann?
An fearr leat **luas** na lúthchleasaíochta nó scil na dornálaíochta? **Is cuma** cén spórt a bhfuil suim agat ann, gach seans go bhfuil nóiméad speisialta a fhanann i do **chuimhne** nó a chuala tú do thuismitheoirí ag caint nó ag argóint faoi arís is arís eile!

Gluais

luas: speed
is cuma: it doesn't matter
cuimhne: memory

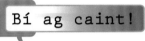

Cad é do thuairim faoin spórt?

Ag obair leis an duine in aice leat, cuirigí na ceisteanna seo ar a chéile. Bí réidh do thuairimí a rá os comhair an ranga.

1. An bhfuil suim agat i gcúrsaí spóirt? Cén spórt nó spóirt?
2. Cén fáth an maith leat é?
3. An imríonn tú aon spórt? Cad é?
4. Cén fáth a dtaitníonn an spórt leat *nó* cén fáth nach n-imríonn tú aon spórt?
5. Cad í an chuimhne spóirt is fearr atá agat?

Is breá liom / Is aoibhinn liom . . .
Níl mé ró-thógtha le spórt.
Féachaim ar . . . ar an teilifís ach ní imrím é.
Ní maith liom . . .
Níl suim dá laghad agam i spórt
Mar tá sé . . .
   spreagúil / tapa / dúshlánach / oilte /
   leadránach / dáinséarach

I love . . .
I'm not terribly interested in sport
I watch . . . on the television but I don't play it
I don't like . . .
I haven't the least interest in sport
Because it is . . .
   exciting / fast / skilful / challenging /
   boring / dangerous

Bosca Foclóra

Tráth na gceist

Léigh na leideanna thíos agus scríobh amach ainmneacha na spórt atá i gceist i do chóipleabhar.

1. Baineann camán agus sliotar leis an spórt seo.
2. Imríonn Jonny Sexton é.
3. Tá luach seacht bpointe ag an liathróid dhubh sa spórt seo.
4. Ba é Cristiano Ronaldo duine de na himreoirí ba chostasaí riamh sa chluiche seo.
5. Is féidir an spórt seo a imirt sa sneachta nó ar uisce.
6. Tá an cluiche seo an-chosúil le peil Ghaelach agus is aoibhinn leis na hAstrálaigh é. Cad é a leasainm?
7. Iománaíocht do chailíní.
8. Is féidir é seo a imirt ar chúirt nó ar an trá.
9. Cloistear an focal 'birdie' sa chluiche seo.
10. Bíonn bád agus gaoth ag teastáil don spórt seo.
11. Caitheann na himreoirí liathróid isteach i gciseán chun pointí a fháil.

12. Is féidir é seo a dhéanamh san fharraige nó i linn snámha.

13. Baineann Katie Taylor agus an scannán *Million Dollar Baby* leis an spórt seo.

14. Imrítear an cluiche seo le raicéad agus le liathróid bheag.

15. Is féidir an spórt seo a dhéanamh ag 800 nó ag 1500 méadar.

Léigh an sliocht thíos go ciúin tú féin ar dtús. Ansin, bí réidh é a léamh os ard don rang agus déan na ceachtanna a leanann i do chóipleabhar.

Nóiméid dhodhearmadta an spóirt

Is rud speisialta é an spórt. Tugann sé **aitheantas** do dhaoine, cuireann sé bród ar thíortha agus is féidir leis daoine a **tharraingt le chéile** nó tír a **roinnt** ina dá leath! Smaoinigh ar na nóiméid speisialta seo i stair spóirt ár dtíre:

1. Lúnasa 2012: An bhéic a shroich 113.7 deicibeil nuair a shiúil Katie Taylor amach chun troid in aghaidh Natasha Jones sna Cluichí Oilimpeacha, agus an nóiméad nuair a sheas Katie ar an ardán, **bratach** na hÉireann in airde, Amhrán na bhFiann á chanadh, chun an **bonn** óir a ghlacadh.

2. Italia '90: Chuir Dave O'Leary an liathróid isteach sa **líontán** agus bhí Éire sna **ceathrú cluichí ceannais** de Chorn an Domhain sa sacar den chéad uair riamh! Tháinig 500,000 duine amach ar bhóithre Bhaile Átha Cliath chun **comhghairdeas a ghabháil** leis na buachaillí **cé nár bhuaigh** siad fiú cluiche amháin!

3. Saipan 2002: Chuir Mick McCarthy, bainisteoir na hÉireann, an t-imreoir ab fhearr a bhí againn, Roy Keane, abhaile! Roinn sé an tír ina dá leath: daoine a bhí **ar son** Roy Keane agus daoine **ina aghaidh**.

4. Meitheamh 2005: An 'speartackle' a rinne Tana Umaga ar Brian O'Driscoll sa chéad 90 soicind den chluiche idir na Lions agus An Nua Shéalainn. Chuir sé deireadh lena pháirt sa chomórtas agus deir daoine go raibh **an t-ádh** leis nár maraíodh é.

5. 24 Feabhra 2007: Chualathas 'God Save the Queen' den chéad uair riamh ar thalamh **naofa** Pháirc Uí Chrócaigh, agus ag deireadh an lae bhí an bua ag foireann rugbaí na hÉireann ar an 'sean-**namhaid**' 43–13.

6. Londain 2012: sé bhonn déag á dtabhairt abhaile ag ár laochra parailimpeacha agus an onóir speisialta a bronnadh ar Michael McKillop as spiorad na gCluichí Oilimpeacha a léiriú.

Tá muintir na hÉireann **paiseanta** faoi gach sórt spóirt agus tá meas againn ar ár laochra spóirt ar fad, ach tá grá speisialta againn d'ár spórt náisiúnta, **go mórmhór** peil Ghaelach agus iománaíocht. Ní gá ach **iarracht a dhéanamh** ticéad a cheannach do Pháirc an Chrócaigh lá an Chluiche Cheannais chun é sin a fheiceáil!

Gluais

aitheantas: recognition
tarraing le chéile: to draw together
roinn: to separate
bratach: flag
bonn: medal
líontán: net

ceathrú cluichí ceannais: quarter finals
comhghairdeas a ghabháil: to congratulate
cé nár bhuaigh: although they did not win
ar son: in favour of

in aghaidh: against
an t-ádh: lucky
naofa: holy
namhaid: enemy
paiseanta: passionate
go mórmhór: especially
iarracht a dhéanamh: to try

Ceisteanna

1. Cad is féidir le spórt a dhéanamh de réir ailt 1?
2. Cén fáth ar tháinig a lán daoine amach ar shráideanna Bhaile Átha Cliath sa bhliain 1990?
3. Cad a tharla i Saipan a roinn an tír ina dá leath?
4. Cén fáth go raibh an t-ádh ar Brian O'Driscoll?
5. Cén gaisce *(great achievement)* a bhain ár lúthchleasaithe parailimpeacha amach?
6. Cén onóir speisialta a bronnadh ar Michael McKillop?

Ceist Foclóra

Scríobh amach i do chóipleabhar na focail ón téacs a bhfuil an bhrí chéanna acu is atá ag na focail seo a leanas:

Sampla: an-suim = paiseanta

1. Gáir/Scread
2. Scóráil
3. Moladh / 'Maith thú!'
4. Bhuaigh
5. Go speisialta

Bí ag caint!

Cad í an cheist?

Ag obair leis an dalta in aice leat, cuir Gaeilge ar na ceisteanna seo thíos agus cuirigí ar a chéile iad. Freagair gach ceist i nGaeilge.

1. Who won the gold medal in boxing in the Olympic Games 2012?
2. What happened in Saipan in 2002?
3. Why was Brian O'Driscoll lucky in 2005?
4. What was heard in Croke Park for the first time on 24 February 2007?
5. Name Ireland's national games.

Nod don nath

Ag obair i d'aonar nó leis an dalta in aice leat, cuir Gaeilge ar na focail/frásaí chun do bhealach a dhéanamh trasna an bhoird chomh tapa agus is féidir – ó bhun go barr, trasna nó trasnánach *(diagonally)*. Cuir suas do lámh nuair atá na freagraí go léir agat agus abair os ard iad. Beidh an bua ag an gcéad duine a shroicheann an taobh eile.

Lean ort agus líon an bosca ar fad. Go n-éirí leat!

R	MH	C	CC	CaD
An t-aon duine ar an bpáirc a mbíonn feadóg aige/aici.	Imrítear haca leis an mbata seo.	Nuair a théann an liathróid thar an trasnán sa pheil nó san iománaíocht faigheann tú é seo.	An cluiche deireanach i gcomórtas.	Comórtas mór sa sacar – imrítear é gach 4 bliana.
A	U	D	C	GP Caitheann gach duine ar an bhfoireann an ceann céanna.
Beidh tú seo má imríonn tú spórt go rialta.	Cruth liathróide rugbaí	Téann tú go barr sléibhte go rialta sa spórt seo.	Tugann sé/sí ceannaireacht don fhoireann.	
CL	CB	CO	D	BÓ
An cluiche roimh an gcluiche ceannais.	An duine a stopann na cúil don fhoireann.	Thosaigh na rudaí seo in Aithin na Gréige	An baile inar bunaíodh an Cumann Lúthchleas Gael.	An chéad duais i gcomórtas reatha.
LMC	BA	R	C	PG
An corn a bhuaitear i gcluiche ceannais iománaíochta na hÉireann.	Faigheann duine é seo nuair a thagann sé/sí sa dara háit i rás.	Fuair an cluiche seo a ainm ón scoil i Sasana inar imríodh é den chéad uair.	Is cupán é ach ní thugtar an t-ainm 'cupán' air i gcúrsaí spóirt.	Cluiche traidisiúnta na nGael.
D	CLG	S	C	COS
Tá fadhb mhór ag baint leis an rud seo sa spórt.	An GAA i nGaeilge.	Tugann spórt ____ duit ó bhrú na scoile agus ó bhrú an tsaoil.	Dath an bhoinn a fhaigheann duine a thagann sa tríú háit.	Comórtas spóirt do dhaoine le riachtanais speisialta.

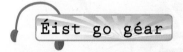

Ceachtanna Cluastuisceana

Éist go cúramach leis na giotaí cainte ar an bpodchraoladh agus freagair na ceisteanna thíos i do chóipleabhar

Fógra 1

(a) Cad a bheidh ar siúl Dé Sathairn seo chugainn?

(b) Cén praghas atá ar na ticéid don bhus?

Traic 11

Fógra 2

(a) Cad a bheidh ar siúl tar éis scoile gach Déardaoin?

(b) Cén fáth a ngabhann an príomhoide comhghairdeas le Tadhg Ó Riain?

Traic 12

Comhrá 1

(a) Cad ba mhaith le Caoimhe a dhéanamh tar éis na hArdteiste?

(b) Cad é an dara rogha a chuir sí síos ar an bhfoirm CAO?

Traic 13

Comhrá 2

(a) Cá bhfuil Órla ag dul ag an deireadh seachtaine?

(b) Cad leis a bhfuil sí ag tnúth?

Traic 14

Píosa Nuachta 1

(a) Ainmnigh dhá áit ar fud an domhain ina raibh daoine ag féachaint ar Chluiche Ceannais Pheil na hÉireann.

(b) Cé mhéad duine a bhí ag an gcluiche i bPáirc an Chrócaigh?

Traic 15

Píosa Nuachta 2

(a) Cén fáth go bhfuil ainm Henry Shefflin scríofa i leabhar staire na hiománaíochta?

(b) Cé mhéad dalta ó Choláiste Eoin a d'imir ar fhoireann mhionúr na hiománaíochta do Bhaile Átha Cliath?

Traic 16

Bí ag caint!

Sraith pictiúr: Imreoir gortaithe

Ag obair leis an dalta in aice leat, déan cur síos i nGaeilge ar gach pictiúr thíos. Tosaigh mar seo:

Sa chéad phictiúr feicim . . .

Sa dara pictiúr tá . . .

I bpictiúr a trí feicim/tá . . .

Sa chéad phictiúr eile *(in the next picture)* . . .

(Déan tusa pictiúr a haon, do pháirtí pictiúr a dó agus mar sin de. Tá bosca foclóra thíos chun cabhrú libh.)

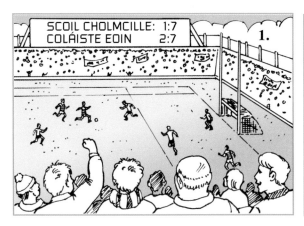

Bosca Foclóra

slua: crowd	**líontán:** net	**cúlbáire:** goalie
talamh: ground	**sínteán:** stretcher	**cic:** kick
bainisteoir: manager	**cuaille:** goalpost	**scórchlár:** scoreboard
staid: stadium	**gortaithe:** injured	**foireann:** team
díomá: disappointment	**imreoirí:** players	**glúin:** knee
go hard: high	**lucht tacaíochta:** supporters	

Anois, cuirigí na ceisteanna seo a leanas ar a chéile:

Pictiúr 1
- Cén spórt atá á imirt sna pictiúir seo?
- Ainmnigh an dá fhoireann atá ag imirt.
- Cad é an scór i bpictiúr a haon?

Pictiúr 2
- Cad a tharla sa phictiúr seo?
- Cad atá i lámha an réiteora?
- Cé atá ag rith amach ar an bpáirc?
- Cad atá á dhéanamh ag na himreoirí eile?

Pictiúr 3
- Cá bhfuil an t-imreoir gortaithe anois?
- Cé atá ag caint leis?
- Cá bhfuil sé ag dul, meas tú?

Pictiúr 4
- Cad atá ar siúl anois?
- Cad a deir an póstaer atá ag na buachaillí sa staid?

Pictiúr 5
- Cá bhfuil an liathróid anois?
- Cén uimhir atá ar gheansaí an bhuachalla a scóráil an cúl?
- Cá bhfuil an cúl báire?
- Cén chuma atá ar imreoirí Choláiste Eoin?
- Cén chuma atá ar imreoirí Scoil Cholmcille?

Pictiúr 6
- Cá bhfuil foireann Choláiste Eoin anois?
- Cad atá i lámha an chaptaein?
- Cad atá á dhéanamh ag na himreoirí eile agus lucht tacaíochta na foirne?

Tasc scríofa

Ceap scéal a mbeadh na habairtí seo a leanas oiriúnach mar thús leis:

'Bhí Páirc an Chrócaigh dubh le daoine.
Rith mé amach ar an bpáirc . . .'

Léigh é!

Léigh an sliocht thíos go ciúin tú féin ar dtús. Bí réidh é a léamh os ard don rang. Foghlaim 'Amhrán na bhFiann' don chéad rang eile.

App nua Amhrán na bhFiann 'hit' mór timpeall an domhain

Bhí **ionadh an domhain** ar an g**comhlacht** Nokia nuair a chuir siad app nua ar fáil chun seans a thabhairt do dhaoine focail Amhrán na bhFiann a fhoghlaim.

Cheap Nokia go mbeadh suim ag muintir na hÉireann san app ach bhí an-ionadh orthu nuair a thosaigh daoine ó gach **cearn** den domhan á **lorg. D'íoslódáil** 33,000 duine an app taobh istigh den chéad dá mhí, **leath díobh** ó **thíortha iasachta.** Tá an-suim go deo ag muintir na Tuirce agus muintir na hIodáile san amhrán! Níl a fhios ag éinne cén fáth – b'fhéidir go bhfuil siad ag iarraidh a fháil amach cad faoi a bhfuilimid ag canadh!

Is **áis** iontach í an app nua seo do na mílte Éireannaigh nach bhfuil na focail ar eolas acu. **Mar is eol dúinn ar fad**, canann formhór na ndaoine tús agus deireadh an amhráin **go bríomhar** ach níl tuairim dá laghad acu faoi na focail sa lár! Dar le Shane McAllister, a rinne an app, 'Downloading this app is the cultural equivalent of having clean pants on in case you get hit by a bus!'

Múineann an app na focail líne ar líne, leis na focail Bhéarla thíos fúthu. Má tá fón Nokia agat is féidir logáil isteach ar store.ovi.com chun an app ar stíl karaoke a fháil **saor in aisce. Muna bhfuil** fón póca Nokia agat, ná bí buartha – seo focail Amhrán na bhFiann agus is féidir an ceol a fháil **go héasca** ar an idirlíon.

Gluais	
ionadh an domhain: very surprised	**áis:** facility
comhlacht: company (business)	**mar is eol dúinn ar fad:** as we all know
cearn: corner	**go bríomhar:** loudly/energetically
lorg: to look for something	**saor in aisce:** free
d'íoslódáil: downloaded	**muna bhfuil . . . agat:** if you do not have . . .
leath díobh: half of them	**go héasca:** easily
tíortha iasachta: foreign countries	

Amhrán na bhFiann

Sinne Fianna Fáil,	*Soldiers are we,*
Atá fé gheall ag Éirinn	*Whose lives are pledged to Ireland,*
Buíon dár slua	*Some have come*
Thar toinn do ráinig chugainn	*From a land beyond the wave*
Fé mhóid bheith saor.	*Sworn to be free.*
Sean-tír ár sinsear feasta	*No more our ancient homeland*
Ní fhágfar fé'n tiorán ná fé'n tráil	*Shall shelter the tyrant or the slave*
Anocht a théim sa bhearna bhaoil,	*Tonight we man the 'bearna baoil'* *
Le gean ar Ghaeil chun báis nó saoil	*In Erin's cause, come woe or weal,*
Le gunnaí scréach fé lámhach na bpiléar	*Amidst cannons' roar and rifles' peal,*
Seo libh canaig' Amhrán na bhFiann.	*Let's sing A Soldier's Song*

* Bearna Baoil – the literal meaning is 'gap in the hedge'. In this context it means the battle line/the frontier

Ar líne

Seiceáil amach:
Ireland Vs England Rugby Opening
Croke Park – Rule 42 (9 nóiméad)

You Tube

Greim ar Ghramadach

An Aimsir Láithreach (The Present Tense)

In the Present Tense in Irish we add an ending onto the stem of the verb, depending on:

* which group the verb belongs to: Group 1, Group 2 or Irregular (Réimniú 1, Réimniú 2 nó Neamhrialta)
* whether the verb is broad or slender
* who is doing the action

Réimniú 1

If the verb belongs to **Group 1** (Réimniú 1) it will have **ONE syllable** in the stem (e.g. Bris, Dún, Ól).

A **slender verb** is one where the final vowel in the stem is slender (i or e), e.g. bris, éist, caith.
A **broad verb** is one where the final vowel in the stem is broad (a, o, u), e.g. dún, féach, díol.

The following are the endings for verbs in Group 1:

Slender	Broad
Bris**im** (or bris**eann mé**)	Díol**aim** (or díol**ann mé**)
Bris**eann tú/sé/sí**	Díol**ann tú/sé/sí**
Bris**imid** (or bris**eann muid**)	Díol**aimid** (or díol**ann muid**)
Bris**eann sibh/siad**	Díol**ann sibh/siad.**
Ní bhrisim (Ní + séimhiú)	**Ní dh**íolaim
An mbrisim? (An + urú)	**An nd**íolaim?

Tasc Gramadaí

Cuir Gaeilge ar na habairtí seo thíos. (Féach ar an mbosca 'Briathra Comónta' i gCaibidil 2.)

1. The boys break the window every day when they throw stones.
2. I leave the house at 8 o'clock every morning and I reach the school at 8.30am.
3. Dad does not sing Amhrán na bhFiann because he does not understand the words.
4. Do you drink coffee?
5. We stay in that hotel in London every year.
6. Do you (*pl*) hit the dog often (*go minic*)?
7. She listens to the teacher and she writes down every word.
8. Mamó watches the news every night at 6 o'clock.
9. Aindriú believes in Santa Clause still (*fós*)!
10. We put the money in the bank every Friday. We do not spend it on clothes.

Réimniú 2

If the verb belongs to **Group 2** (Réimniú 2) it will have **TWO syllables** in the stem (e.g. Éir–igh, Ceann–aigh) and most will end in either –IGH or –AIGH.

In this case, a **slender verb** is one which ends in –IGH, e.g. bailigh, dúisigh, éirigh.
A **broad verb** is a verb which ends in –AIGH, e.g. ceannaigh, fiafraigh, socraigh.

The following are the endings for verbs in Group 2:

Slender	Broad
Dúis**ím** (or dúis**íonn mé**)	Ceann**aím** (or ceann**aíonn mé**)
Dúis**íonn tú/sé/sí**	Ceann**aíonn tú/sé/sí**
Dúis**ímid** (or dúis**íonn muid**)	Ceann**aímid** (or ceann**aíonn muid**)
Dúis**íonn sibh/siad**	Ceann**aíonn sibh/siad**
Ní dhúisím (Ní + séimhiú)	**Ní ch**eannaím
An ndúisíonn ? (An + urú)	**An gc**eannaíonn?

Tasc Gramadaí

Cuir Gaeilge ar na habairtí seo thíos. (Féach ar an mbosca 'Briathra Comónta' i gCaibidil 2.)

1. I wake up every morning at 7 o'clock but I do not get up until 8 o'clock.
2. We buy the tickets for the concert on-line, we do not buy them in the shop.
3. Marcel corrects my grammar all the time because he is French.
4. I begin work at 9 o'clock and I end at 4.
5. The boys do not cycle to the match because they live too far from the club.
6. Dan works in the kitchen. He prepares all the meals.
7. The Mafia kill a lot of people every year.
8. Dad repairs my computer every time it breaks down.
9. I change my clothes for PE class.
10. The nurse hurries around the hospital and helps a lot of people.

Briathra Neamhrialta (Irregular Verbs)

The 11 irregular verbs, listed below, do not always follow the above rules and should be learned by heart:

Bí		Téigh	Feic
Táim	Bím	Téim	Feicim
Tá tú/sé/sí/sibh/siad	Bíonn tú/sé/sí/sibh/siad	Téann tú	Feiceann tú
Táimid	Bímid	Téimid	Feicimid
Níl	**Ní bh**íonn	**Ní th**éann	**Ní fh**eiceann
An bhfuil?	**An mb**íonn?	**An dt**éann?	**An bhf**eiceann?

Abair	Déan	Faigh
Deirim	Déanaim	Faighim
Deir(eann) tú/sé/sí/sibh/siad	Déanann tú	Faigheann tú
Deirimid	Déanaimid	Faighimid
Ní deir(eann) (no 'h')	**Ní dh**éanann	**Ní fh**aigheann
An ndeireann?	**An nd**éanann?	**An bhf**aigheann?

Clois	**Tabhair**	**Tar**
Cloisim	Tugaim	Tagaim
Cloiseann tú/sé/sí/sibh/siad	Tugann tú	Tagann tú
Cloisimid	Tugaimid	Tagaimid
Ní chloiseann	**Ní th**ugann	**Ní th**agann
An gcloiseann?	**An d**tugann?	**An d**tagann?

Ith	**Beir**
Ithim	Beirim
Itheann tú/sé/sí/sibh/siad	Beireann tú
Ithimid	Beirimid
Ní itheann	**Ní bh**eireann
An itheann?	**An mb**eireann?

Tasc Gramadaí

Cuir Gaeilge ar na habairtí seo a leanas:

1. Tónaí goes swimming at 5 o'clock every morning.
2. We do not go to that school.
3. The boys see their grandmother every Saturday.
4. Do you eat dinner every night?
5. It rains (it does be raining) in Ireland every day.
6. Mam gets her books from the library.
7. Do you (pl) hear the bell ringing?
8. The teacher does not give homework to us on a Friday.
9. We come to school on our bikes.
10. They do not eat meat.

Éist go géar

Ceachtanna Cluastuisceana

Seo thíos an comhrá a bhí idir Ruán agus Max (cuairteoir ón nGearmáin atá ag foghlaim na Gaeilge) faoi na spóirt is fearr leo. Éist go cúramach leis an gcomhrá ar an bpodchraoladh agus déan an ceacht a leanann.

(Traic 17)

RUÁN: Haigh Max. Ar bhain tú taitneamh as an gcluiche peile i bPáirc an Chrócaigh inné?

MAX: Bhain mé an-taitneamh as, Ruán. Go raibh maith agat as an ticéad. Tuigim anois cén fáth a dtaitníonn an cluiche leat. Tá sé an-tapa agus corraitheach (*exciting*).

RUÁN: Tá. Is aoibhinn liom an pheil. Imrím ar scoil í agus táim ar an bhfoireann áitiúil freisin le Club Naomh Éanna.

MAX: Cén áit ar an bpáirc a n-imríonn tú?

RUÁN: Is buailteoir mé. Is é an príomhjab atá agam ná cúl nó cúilín a scóráil. Caithfidh mé a lán traenála a dhéanamh – ag rith agus ag ciceáil, ach is maith liom é mar coimeádann sé aclaí (*fit*) mé! Cad é an spórt is mó i do thírse?

MAX:	Oh, sacar gan dabht. Táim an-tógtha leis. Níl sé chomh tapa le peil Ghaelach mar níl aon chúilíní sa chluiche – ní féidir ach cúil a scóráil, agus tá sé sin níos deacra!
RUÁN:	An imríonn tú féin?
MAX:	Cinnte. Is cosantóir mise – ní gá dom a bheith imníoch faoi chúl a scóráil ach cúl a stopadh! Nílim ar fhoireann na scoile ach imrím le mo chlub áitiúil. Is foireann an-mhaith í agus bhuamar an Corn an bhliain seo caite.
RUÁN:	Oh, comhghairdeas! Is maith liomsa sacar freisin. Is í Man Utd an fhoireann is fearr liom agus Wayne Rooney an t-imreoir is fearr liom – sílim go bhfuil sé an-tallannach.
MAX:	Bhuel, is í Bayern Munich an fhoireann is fearr liomsa ach is aoibhinn liomsa Mario Balotelli ón Iodáil mar imreoir – tá sé an-drámatúil agus greannmhar!

Tasc scríofa

An spórt is fearr liom

Tá clú agus cáil ort i do scoil mar imreoir spóirt, agus tá a lán bonn agus corn buaite agat. Mar chuid d'imeachtaí Sheachtain na Gaeilge, tá dalta ón séú bliain ag cur agallaimh ort do nuachtiris na scoile. Cum an comhrá a bheadh eadraibh. Scríobh amach é agus bí réidh len é a dhéanamh os comhair an ranga. (Féach ar na pointí agus an bosca foclóra thíos.) Is féidir leat obair leis an dalta in aice leat.

- Cad é an spórt is fearr leat?
- Cén fáth a dtaitníonn an spórt sin leat?
- Cén áit ar an bpáirc a imríonn tú?
- An bhfuil tú i do bhall de chlub taobh amuigh den scoil? Má tá, cad is ainm dó?
- Ar bhuaigh tú aon chomórtas i mbliana?
- Ar mhaith leat an spórt a imirt go proifisiúnta?

Bosca Foclóra

Tugann sé sos duit ó strus an tsaoil/na scoile	Sport gives you a break from the stress of life/ school
Coimeádann sé sláintiúil is aclaí tú	It keeps you healthy and fit
Buaileann tú le daoine agus déanann tú cairde nua	You meet people and make new friends
Imrím . . .	I play . . .
Téim ag traenáil gach Luan agus gach Céadaoin	I train every Monday and Wednesday
Táim i mo bhall d'fhoireann na scoile	I am a member of the school team
An fhoireann shóisearach	The junior team
An fhoireann shinsearach	The senior team
Táim i mo bhall den chlub áitiúil	I am a member of the local club
Bíonn cluichí againn gach Satharn / go rialta / go minic / anois is arís	We have matches every Saturday / regularly / often / now and again
Is tosaí mé	I am a forward
Is cosantóir mé	I am a defender
Is buailteoir mé	I am a striker
Is cúl báire mé	I am a goalie/goalkeeper
Imrím i lár na páirce	I play in centre field
Imrím ag uimhir a . . .	I play at number . . .

Léigh an sliocht thíos go ciúin tú féin ar dtús. Bí réidh é a léamh os ard don rang, agus freagair na ceisteanna a leanann.

Cluiche na nDéithe

1. 'Cluiche na nDéithe' (*The Game of the Gods*) an t-ainm a thugtar uirthi. Is í an cluiche páirce **is tapúla** agus **is sine** ar domhan, agus ceapann a lán daoine gurb í an cluiche **is sciliúla** í freisin. Tá sí á himirt in Éirinn le breis is 3,000 bliain agus deirtear go bhfuil haca, haca oighir agus galf bunaithe uirthi. Céard í? An iománaíocht.

2. Tá **tuairim** ann gur thosaigh an iománaíocht san Éigipt agus gur thóg na Ceiltigh go hÉirinn í. **Pé scéal é** feicimid an iománaíocht i scéalta **miotaseolaíochta** na hÉireann mar shampla nuair a mharaigh Setanta cú Chulainn lena sliotar.

3. Níl a lán **foréigin** ag baint leis an gcluiche inniu ach sna blianta tosaigh d'imir daoine an cluiche chun achrann a réiteach agus tá **tagairtí** sa **dlí** is luaithe in Éirinn – An Féineachas (*Brehon Law*) – do dhaoine ag fáil bháis i gcluichí! Uaireanta bhíodh na céadta fear ag imirt ar fhoireann agus lean na cluichí ar aghaidh ar feadh laethanta. Dúirt iriseoir amháin san Astráil nach raibh sé ach 'two degrees safer than war'!

4. Is cluiche iontach í le scil agus luas nach bhfuil in aon chluiche eile. Tá cúigear fear déag ar fhoireann agus imrítear í le camán, déanta as adhmad na **fuinseoige**. Níl cead ionsaí fisiciúil a dhéanamh ach amháin le do **ghualainn** agus is í ceann de na scileanna is fearr ná '*soloing*', 'sé sin ag rith leis an sliotar ar an gcamán. Creid nó ná creid, bhí iománaíocht mar chluiche **neamhoifigiúil** sna Cluichí Oilimpeacha 1904 sna Stáit Aontaithe.

5. **Sháraigh** an iománaíocht **ionsaí** na Sasanach, an Gorta Mór agus '*popular culture*' an lae inniu, agus tá sí ag dul ó neart go neart anseo in Éirinn agus ar fud an domhain!

Gluais

is tapúla: fastest	**miotaseolaíocht:** mythological	**fuinseog:** ash tree
is sine: oldest	**foréigean:** violence	**gualainn:** shoulder
is sciliúla: most skilful	**tagairt:** reference	**neamhoifigiúil:** unofficial
tuairim: opinion/idea	**dlí:** law	**sháraigh:** overcame
pé scéal é: whatever		**ionsaí:** attack

Ceisteanna
1. (a) Cén leasainm a thugtar ar an iománaíocht? Cén fáth, an dóigh leat?
   (b) Cé a thóg an iománaíocht go hÉirinn de réir tuairime?
2. (a) Ainmnigh scéal miotaseolaíocht amháin ina luaitear an iománaíocht.
   (b) Cá bhfios dúinn gur cheap iriseoir san Astráil gur chluiche dáinséarach í an iománaíocht?
3. (a) Cad as a ndéantar camáin?
   (b) An bhfuil ionsaí fisiciúil ceadaithe?
4. Scríobh amach trí aidiacht chomparáide (*comparative adjectives*) atá sa sliocht, agus cuir Béarla orthu (sampla: is fearr = best).
5. Cén t-alt sa sliocht thuas a dtagraíonn an abairt seo a leanas dó?
   '*Tá an iománaíocht láidir inniu in ainneoin deacrachtaí thar na mblianta.*'

Ceist Foclóra
Scríobh amach na habairtí seo a leanas i do chóipleabhar agus líon na bearnaí leis na focail oiriúnacha ón sliocht:
1. Is é Usain Bolt an reathaí _____ _____ ar domhan.
2. Is maith liom na scéalta _____ faoi Fhionn agus Na Fianna.
3. Rinne an madra fiáin _____ uafásach ar an bpáiste agus bhí sé in ospidéal ar feadh sé mhí.
4. Ní fhaca mé an cluiche ceannais ach chonaic mé _____ dó sa nuachtán an lá dar gcionn.
5. Chuala mé go mbíonn a lán _____ le feiceáil ag cluichí sacair sa Pholainn.
6. Is í Besse Cooper, bean Mheiriceánach, an duine _____ _____ ar domhan – tá sí 115 bliana d'aois!

Ar líne

Seiceáil amach ar YouTube:
Hurling – the fastest game on grass (5 nóiméad: 22 shoicind)
agus
Gaelic Football – the original beautiful game (4 nó: 30 soicind)

Tasc taighde

Bain úsáid as an idirlíon chun alt gearr a scríobh ar cheann amháin de chluichí traidisiúnta na nGael:

Peil Ghaelach, An Chamógaíocht, Peil Láimhe nó An Poc Fada.
nó
An Cumann Lúthchleas Gael

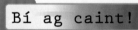
Bí ag caint!

Fíor *nó* bréagach?
Ag obair leis an duine in aice leat, léigh na habairtí seo a leanas faoi Pheil Ghaelach agus abair an bhfuil siad fíor nó bréagach.

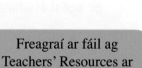
Freagraí ar fáil ag Teachers' Resources ar www.mentorbooks.ie

1. Tá 13 imreoir ar fhoireann peile.
2. An Liam McCarthy Cup a thugtar ar an gcorn sa Pheil Ghaelach.
3. Tá an liathróid peile níos mó (*bigger*) ná liathróid sacair.
4. Faigheann tú dhá phointe nuair a chuireann tú an liathróid thar an trasnán.
5. Is féidir leat cúl nó cúilín a scóráil le do lámh nó tríd an liathróid a chiceáil.
6. Is féidir ceithre chéim a thógáil leis an liathróid i do lámh.
7. Bhuaigh Ciarraí an Craobhchomórtas níos mó ná aon chontae eile – 32 uair.
8. An Cumann Lúthchleas Gael an t-ainm Gaeilge ar an GAA, a bunaíodh i nDúrlas sa bhliain 1884.
9. 'Cnoc 17' an t-ainm atá ar an áit ina suíonn lucht tacaíochta Bhaile Átha Cliath i bPáirc an Chrócaigh.
10. Níor bhuaigh Contae Chill Mhantáin Corn Mhic Uidhir riamh.

Peannphictiúr – Cé hé/hí?

Léigh an peannphictiúr thíos faoi phearsa spóirt. An bhfuil a fhios agat cé atá i gceist?

Freagra ar fáil ag Teachers' Resources ar www.mentorbooks.ie

- Is peileadóir é.
- Tá sé sé throigh dhá orlach (6' 2") ar airde, agus dathúil.
- Is fear gorm é.
- Tá clú agus cáil air mar gheall ar a neart fisiciúil, a scil san aer agus an scil atá aige an liathróid a choimeád.
- Thosaigh sé ag imirt sacair do chlub sa Fhrainc cé gur rugadh san Afraic é.
- D'imir sé do Chelsea go dtí 2012 ach ansin bhog sé go club sa tSín.
- Is é captaen na foirne náisiúnta ina thír dhúchais, Cote D'Ivoire.
- Tá sé pósta le triúr páistí.
- Is peileadóir oilte é agus is fear deas séimh é. Déanann sé maitheas taobh amuigh den sacar, mar shampla, is 'Goodwill Ambassador' é leis an UN, thug sé an £3 mhilliún a fuair sé ó *Pepsi* chun ospidéal a thógáil do dhaoine bochta, agus d'oibrigh sé go dian chun síocháin a bhunú ina thír dhúchais ina raibh cogadh ar siúl.
- Is fíor-laoch spóirt é.

An phearsa spóirt is fearr liom

Bunaithe ar an bpeannphictiúr thuas, scríobh cuntas gearr (15 líne nó mar sin de) ar an bpearsa spóirt is fearr leatsa.

Léigh é!

Léigh an sliocht thíos go ciúin tú féin ar dtús. Bí réidh é a léamh os ard don rang, agus freagair na ceisteanna a leanann.

Slán abhaile. An gcaithfidh sibh imeacht?

1. B'shin an cheist a chuir **Méara** agus muintir Phoznan ar **lucht leanúna** fhoireann sacair na hÉireann tar éis na 'Euros 2012'. Thit gach duine i ngrá leis na fir agus na mná a **lean** a bhfoireann go dtí an Pholainn in eitleáin, i gcarranna, ar bhusanna agus i gcarbháin! Agus rinne siad imprisean iontach ar Phoznan agus Gdansk.

2. Níor bhuaigh foireann Trappatoni cluiche **ar bith** ach lean na hÉireannaigh ar aghaidh ag canadh agus ag cothú atmaisféir **den scoth** gach áit a chuaigh siad. Nuair a tháinig deireadh leis an gcomórtas bhí brón ar mhuintir Poznan go raibh a gcairde nua ag dul abhaile.

3. 'We were expecting and hoping for large crowds. But we weren't expecting just how great

the Irish were,' a dúirt Damian Zalewski. Agus nuair a chaill na hÉireannaigh 4:0 in aghaidh na Spáinne chuaigh muintir Phoznan amach i lár na hoíche agus phéinteáil siad 'Come on you Boys in Green' agus 'Simply the Best' ar bhallaí agus ar chosáin na cathrach! An lá ina dhiaidh sin rinneadh 'Flashmob' **ollmhór** i bpríomh-**chearnóg** na cathrach chun slán a fhágáil leis an 'arm glas'!

4. Deir a lán daoine gurb iad na hÉireannaigh an lucht leanúna sacair is fearr ar domhan! Is cuma le Roy Keane, **áfach**. Dúirt seisean go raibh an-**díomá** air leis an bhfoireann agus **nach leor** dul go comórtais don atmaisféar agus don chraic!

Gluais

méara: Mayor
lucht leanúna: followers
lean: followed
ar bith: any
den scoth: excellent

ollmhór: huge
cearnóg: square
áfach: however
díomá: disappointed
nach leor: it is not enough

Ceisteanna
1. Cén cheist a chuir Méara Phoznan ar lucht leanúna na hÉireann?
2. Conas a chuaigh daoine go dtí an Pholainn?
3. Cé mhéad cluiche a bhuaigh Éire?
4. Cad a rinne muintir Phoznan i lár na hoíche?
5. Cad a scríobhadh ar bhallaí agus ar chosáin na cathrach?
6. Cad a tharla i bpríomh-chearnóg na cathrach? Cén fáth?

Ceist Foclóra
Athscríobh na habairtí seo a leanas agus líon na bearnaí leis na focail oiriúnacha sa téacs thuas.
1. Bhí _____ ar Phól mar theip air sa scrúdú tiomána.
2. Tá ionad siopadóireachta _____ i lár na cathrach – tá dhá chéad siopa ann.
3. Dúirt an múinteoir le Liam an phleidhcíocht a stopadh ach _____ sé ar aghaidh agus chuir sí go dtí an leas-phríomhoide é.
4. Fuair Éabha grád A sa Bhéarla san Ardteist. Scríobh sí aiste _____ _____.

 **Tasc scríofa**

An raibh tú riamh ag cluiche sacair? Scríobh deich líne faoi (áit, cé a bhí ag imirt, an raibh an cluiche go maith, an t-atmaisféar, cé a bhuaigh).

 Téigh go **www.crokepark.ie/gaa-museum/school-tours** más mian leat turas go dtí Páirc an Chrócaigh a eagrú do do rang.

nó

Tabhair cuireadh d'imreoir ó chlub CLG áitiúil teacht isteach chun labhairt le do rang agus '**masterclass**' sa pheil nó san iománaíocht a thabhairt i rith Seachtain na Gaeilge.

Féinmheasúnú
Cad atá foghlamtha agam?

Ceist 1: Tráth na gCeist

(a) Ainmnigh cluichí traidisiúnta na nGael.

(b) Cén leasainm a thugtar ar iománaíocht?

(c) Cár bunaíodh an Cumann Lúthchleas Gael agus cén bhliain?

(d) Cad é an cluiche páirce is tapúla ar domhan?

(e) Cad is ainm don chorn sa pheil Ghaelach?

(f) Cad is ainm don chorn san iománaíocht?

(g) Cá n-imrítear cluichí leathcheannais agus cluichí ceannais na gcluichí Gaelacha?

(h) Ainmnigh trí fhoireann náisiúnta atá againn in Éirinn.

(i) Cén cháil atá ar lucht leanúna na hÉireann?

Ceist 2: An Aimsir Láithreach

Athscríobh an giota seo thíos san Aimsir Láithreach, ag athrú na mbriathra idir lúibíní:

(Buail: an clog) ag a hocht a chlog agus (éirigh: mé) láithreach. (Ith: an chlann) an bricfeásta le chéile agus ansin (fág: mé) an teach agus (rothaigh: mé) ar scoil. (Bí) lá fada leadránach agam go dtí a ceathair a chlog. Ag an deireadh seachtaine (cas: mé) le mo chairde agus (téigh: muid) go dtí an phictiúrlann nó ag imirt spórt.

Uaireanta (ní: déan: mé) m'obair bhaile agus (faigh: mé) íde béil ón mhúinteoir ar an Luan.

Ceist 3: Amhrán na bhFiann

Scríobh amach 'Amhrán na bhFiann' nó can/abair os comhair an ranga é.

Ceist 4: Óráid – An Spórt is Fearr Liom / An Phearsa Spóirt is Fearr Liom.

Scríobh amach óráid ghearr faoin spórt nó faoin bpearsa spóirt is fearr leat.

Lig do Scíth!

Bain triail agus taitneamh as na puzail thíos.

Freagraí ar fáil ag
Teachers' Resources ar
www.mentorbooks.ie

Cód an Fhóin

Bris an cód chun na téarmaí spóirt (a)–(d) thíos a nochtadh. Tá sé bunaithe ar *'predictive text'* ar do theileafón. (Níl aon tábhacht ag baint le síntí fada.)

Sampla: **1 1 5 1 5** = camán

1 ABC	2 DEF	3 GHI
4 JKL	5 MNO	6 PQR
7 STU	8 VWX	9 YZ

(a) **1 7 4**

(b) **4 3 5 5 7 1 5**

(c) **6 2 3 7 2 5 3 6**

(d) **3 2 1 5 7 1 3**

Cad é an scéal? (What's the story?)

☐ Déan grúpa de 8–10 ndalta.

☐ Faigh leathanach A4.

☐ Scríobhann dalta 1 abairt amháin ar an leathanach agus tugann sé/sí do dhalta 2 é.

☐ Léann dalta 2 an abairt agus scríobhann sé/sí abairt eile.

☐ Filleann sé/sí (*he/she folds*) an leathanach – anois ní fheiceann dalta 3 ach an abairt a scríobh dalta 2.

☐ Scríobhann dalta 3 abairt agus filleann sé/sí an páipéar arís, agus tugann sé don chéad dalta eile é.

☐ Lean ar aghaidh mar seo go dtí go bhfuil abairt nó dhó scríofa ag gach dalta.

☐ Anois léigh amach an 'scéal'. An ndéanann sé ciall ar bith?

NB: Ní fheiceann na daltaí ach ABAIRT AMHÁIN a scríobh an duine díreach roimhe.

Cá bhfuil Malaí?

Logainmneacha na hÉireann, Tíortha an Domhain

Clár

Do Cheantar Féin

Cá bhfuil tú i do chónaí? Cad a chiallaíonn an **logainm** (ainm áite)? An dtugann sé aon eolas duit faoi do cheantar nó an bhfuil ciall ar bith leis más ainm Béarla é? Mar shampla, má chónaíonn tú in áit darb ainm 'Shankill' nó 'Ballymore', cad is brí leis na focail? An briathra iad? An féidir leat rud éigin a 'Shankill'? Nó an ainmfhocail iad? An féidir a rá 'ba bhreá liom Ballymore anois'?

Más mian leat ciall a dhéanamh de logainmneacha na hÉireann, is minic a chaithfidh tú filleadh ar an leagan Gaeilge den áit:
Shankill = Seanchill = Sean (*old*) Cill (*church*). Is dócha go raibh sean-séipéal (*cill*) san áit.

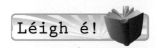

Ag obair leis an duine in aice leat cuirigí na ceisteanna seo a leanas ar a chéile.
1. Cá bhfuil tú i do chónaí?
2. An bhfuil a fhios agat cad is brí (*meaning*) leis an ainm?
3. Cá bhfuil an áit suite (*situated*) – faoin tuath, ar an gcósta, in aice na sléibhte nó an bruachbhaile í (*suburb*)?
4. An maith leat an áit? Cén fáth?

Léigh é!

Tóg nóiméad chun an píosa téacs seo thíos a léamh go ciúin tú féin. Bí réidh é a léamh os ard don rang, agus ansin déan na ceachtanna a leanann.

Logainmneacha na hÉireann

1. Má tá duine ag lorg **treoracha** in Éirinn inniu cad é an rud is mó a úsáidtear chun é/í a threorú? **Teach tábhairne**, b'fhéidir? **Foirgnimh** mhóra? **Bailte** nó **sráidbhailte**? Fadó in Éirinn ní raibh a lán bailte móra, ní raibh foirgnimh mhóra nó tithe tábhairne – agus, **dár ndóigh**, ní raibh aon chomharthaí bóithre! Mar sin, nuair a bhí daoine ag dul ó áit go háit d'fhéach siad ar an timpeallacht nádúrtha – cnoc, carraig mhór, gleann, loch agus **mar sin de**. B'shin mar a fuair áiteanna in Éirinn a logainmneacha (ainmneacha áite) ar dtús. Smaoinigh ar na samplaí seo a leanas: Na Clocha Liatha (*the grey stones*), Gleann Dá Loch (*the glen of the two lakes*), Trá Mhór (*big beach*).

2. De réir mar a chuaigh na blianta thart thosaigh daoine ag tabhairt ainmneacha ar áiteanna bunaithe ar rudaí eile – caisleáin agus **droichid**, mar shampla – agus, tar éis na Críostaíochta, séipéil (cill), mainistreacha agus mar sin de. An bhfuil aon áit timpeall ort a bhfuil Caisleán/Castle, Cill/Kil nó Mainistir/Monaster ann?

3. Le linn na 800í agus na 900í tháinig na **Lochlannaigh**. **Bhunaigh** siad **lonnaíochtaí** ar chósta na tíre agus ghlaoigh siad 'longphort' orthu. Ba iad na lonnaíochtaí ba mhó ná Baile Átha Cliath (an tsean-ainm, Dubh Linn), Loch Garman, Port Láirge, Corcaigh agus Luimneach.

4. Trí chéad bliain níos déanaí tháinig na Normannaigh (1169) agus tosaíodh ar logainmneacha

Béarla a úsáid, go mórmhór ar an gcuid den tír a bhí faoina smacht, mar shampla ceantar na Páile *(the Pale)* ó Dhún Dealgan síos go Deilginis ar chósta **oirthear** na tíre.

5. Sa séú agus sa seachtú haois déag (1556–1641) bhí na Sasanaigh **i gcumhacht** sa tír agus tharla na **Plandálacha**. Cuireadh saighdiúrí Sasanacha go hÉirinn chun léarscáil (mapa) a tharraingt den tír. Níor thuig na saighdiúrí aon Ghaeilge agus, mar sin, nuair a chuala siad ainm áite i nGaeilge scríobh siad síos **de réir na fuaime** é. Mar shampla, Seanchill – Shankill; Baile Mór – Ballymore; Lios Tuathail – Listowel. Sin mar a fuair cuid mhaith áiteanna in Éirinn a logainmneacha. And the rest, mar a deirtear, is history!

Gluais	
treoracha: directions	**Lochlannaigh:** Vikings
teach tábhairne: pub	**bhunaigh:** established/set up
foirgnimh: buildings	**Ionnaíochtaí:** settlements
bailte: towns	**Oirthear:** East
sráidbhailte: villages	**i gcumhacht:** in power
dár ndóigh: indeed	**Plandálacha:** The Plantations
mar sin de: and so on	**de réir na fuaime:** according to the sound
droichid: bridges	

Ceisteanna

1. (a) Conas a thug daoine treoracha fadó in Éirinn?
    (b) Ainmnigh logainm amháin a tháinig leis an gCríostaíocht.
2. (a) Cathain a tháinig na Lochlannaigh go hÉirinn?
    (b) Cad a bhunaigh siad?
3. (a) Cad a tharla nuair a tháinig na Normannaigh?
    (b) Cá háit sa tír ina raibh an áit darbh ainm 'an Pháil'?
4. Cén jab a bhí ag na saighdiúrí Sasanacha a tháinig go hÉirinn tar éis na bPlandálacha?
5. Cén fáth nach ndéanann roinnt logainmneacha in Éirinn aon chiall?

Tasc scríofa

Amlíne

Féach siar ar an sliocht thuas agus tarraing amlíne *(timeline)* i do chóipleabhar ag taispeáint forbairt logainmneacha na hÉireann ó aimsir na Sean-Ghael suas go dtí an lá atá inniu ann. Tabhair sampla de gach athrú/ forbairt.

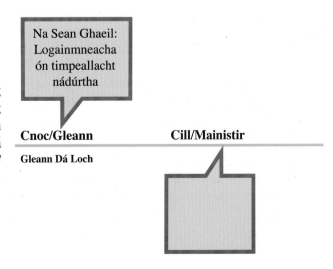

Na Sean Ghaeil: Logainmneacha ón timpeallacht nádúrtha

Cnoc/Gleann **Cill/Mainistir**

Gleann Dá Loch

Cá bhfuil Malaí?

Féach ar na gléas-fhocail seo thíos agus ainmnigh na háiteanna ina bhfuil Malaí. Scríobh na freagraí amach i do chóipleabhar.

Logainm Gaeilge	San ainm Béarla	Brí	Sampla
Áth	Ath	Ford (narrow crossing in a river)	Athlone (Co. na hIarmhí)
Baile	Bally / Balla / Bel	Town / Townland / Homeland	Ballaghadereen (Co. Ros Comáin)
Béal	Bel	Mouth of a river	Belfast (Co. Aontroma)
Carraig	Carrick / Carrig	Rock	Carrick-on-Suir (Co.Thiobraid Árann)
Caiseal	Cashel	Stone Fort / Castle	Cashel (Co. Thiobraid Árann)
Cill	Kill	Church / Wood (Coill)	Killarney (Co. Chiarraí)
Cuan	Cove / Bay	Cove / Bay	Sandycove (Co. Átha Cliath)
Dún	Dun	Stone Fort / Fortress	Dundrum (Átha Cliath agus a lán áiteanna eile!)
Gleann	Glen	Glen	Glendalough (Co. Chill Mhantáin)
Inis (Inse)	Inis	Island / River meadow	Ennis (Co. an Chláir) Inis Mór, Inis Meáin, Inis Oirr
Lios	Lis	Ring fort	Listowel (Co. Chiarraí)
Loch	Lough / Loch	Lake	Loch Garman
Mullach	Mulla / Mully / Mullach	Hill / Hilltop	Mullinahinch (Co. Mhuineacháin)
Ráth	Rath / Raha	Ring Fort	Rathkeale (Co. Luimnigh)
Sliabh	Slieve	Mountain	Slievenamon (Tiobraid Árann)
Trá	Tra	Beach	Tramore (Port Láirge)

1. Tá Malaí ag féachaint ar dhún nó chaisleán álainn ar bharr chnoic i gContae Thiobraid Árainn. Cá bhfuil sí?

2. Chuaigh Malaí go dtí an chathair seo i dTuaisceart na hÉireann chun an taispeántas *Titanic* a fheiceáil. Tá an chathair ag béal abhann (*river*). Cá bhfuil sí?

3. Tá Malaí ag siopadóireacht i mbruachbhaile de Bhaile Átha Cliath. Fuair an áit a logainm ó dhún a tógadh sa cheantar atá ar dhroim sléibhe. Cá bhfuil sí?

4. Tá Malaí i gContae Chill Mhantáin in áit a fuair a logainm as an dá loch agus na sléibhte thart orthu. Cá bhfuil sí?

5. Tá Malaí ar cheann de na trí Oileáin Árann – níl sí ar an gceann is mó ná ar Inis Oirr. Cá bhfuil sí?

Tasc scríofa

Gael-mapaí bóithre!

Tá tú ag dul ar thuras timpeall na tíre. Tugadh na treoracha seo a leanas duit i nGaeilge. Scríobh amach i do chóipleabhar logainmneacha Béarla na n-áiteanna ar fad, agus abair cad as a dtáinig na logainmneacha i do thuairim.

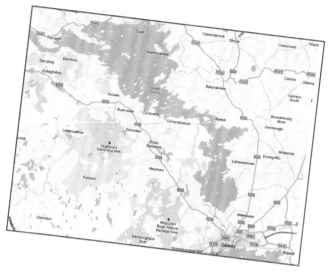

◎ Fág an **príomhchathair** (seanainm 'Dubh Linn', inniu *'townland of the hurdles* (cliath) *across the river'*).
◎ Téigh síos an cósta go **Cill Mhantáin**.
◎ Lean ar aghaidh go dtí an **chathair a bhunaigh na Lochlannaigh**.
◎ Téigh siar go dtí **Baile an Chaisleáin** i gContae Chorcaí.
◎ As sin go **Lios Tuathail** i gContae Chiarraí
◎ Tóg an bóthar go **hInis**, Contae an Chláir.
◎ Téigh ar aghaidh go Sligeach go dtí an áit álainn a chiallaíonn '**barr sléibhe mhóir**'. Is é seo ceann de na háiteanna is fearr sa tír le dul ag surfáil.
◎ Críochnaigh do thuras i dTír Chonaill nó **'Fort of the Foreigners'** mar a thugtar air i nGaeilge anois.

Tasc taighde

Déan cur síos ar do cheantar dúchais.
● Cad is brí leis an logainm? An bhfuil sé oiriúnach *(suitable)* don áit?
● An bhfuil aon fhoirgneamh stairiúil *(historical building)* sa cheantar?
● Ar rugadh aon duine cáiliúil sa cheantar?
● Ar tharla aon eachtra stairiúil nó suimiúil sa cheantar a fhanann i gcuimhne na ndaoine?

(Is féidir dul ar **www.logainm.ie** agus logainm do cheantair i mBéarla a chur isteach sa bhosca cuardaigh *(search bar)*. Ná déan dearmad ar léarscáil (mapa) nó grianghrafanna a úsáid más féidir.)

Tasc scríofa

Mo cheantar féin

Lig ort go bhfuil tú ag iarraidh do theach a dhíol. Scríobh cuntas ar an gceantar ina bhfuil sé suite. Cuir i láthair don rang é. (Tá bosca foclóra ar an gcéad leathanach eile chun cabhrú leat.)

Location, Location, Location Ceantar, Ceantar, Ceantar

Bosca Foclóra

rogha mhór siopaí – ionad siopadóireachta	áit chiúin, shábháilte
scoileanna maithe	fadhbanna sóisialta (social problems)
clubanna – club peile, club leadóige, club drámaíochta, club óige	ólachán faoi aois (underage drinking)
bialanna, pictiúrlann, leabharlann	loitiméireacht (vandalism)
ionad spóirt, linn snámha	spraoi thiomáint (joyriding)
stáisiún traenach/DART/Luas – seirbhís mhaith taistil	graifítí
páirc phoiblí, trá dheas	

Ar Fud an Domhain

 Léigh é!

Tóg nóiméad chun an píosa téacs seo thíos a léamh go ciúin tú féin. Bí réidh é a léamh os ard don rang, agus ansin déan na ceachtanna a leanann.

Sé sheachtain i nGána – the time of my life

1. Chaith Katie Doyle ó Loch Garman sé sheachtain ag obair go **deonach** i nGána, rud nach ndéanfaidh sí dearmad go deo air. Thosaigh an turas sa phríomhchathair, Accra, áit ar bhuail Katie leis na daoine óga eile a tháinig ó **gach cearn den domhan**. Bhí ranganna drumadóireachta acu agus ranganna cócaireachta agus **comhairle** ghinearálta faoin saol a bhí rompu.

2. Ar aghaidh léi ansin go dtí an **sráidbhaile** agus an chlann lena mbeadh sí ag fanacht. Deir sí gur **baineadh geit** chultúrtha mhór aisti – bhí an bia ana-difriúil, an teas dochreidte agus ní raibh na h**áiseanna** go maith – bhí leictreachas acu ach ní raibh aon uisce reatha ann (nigh sí í féin le dhá bhuicéad d'uisce fuar) ná leithreas (poll sa talamh)! Dhúisigh sí gach maidin leis an 'nglaoch chun paidreacha' ó na Moslamaigh. Mar sin, ní raibh fadhb ar bith aici a bheith in am don scoil, a thosaigh ag leathuair tar éis a hocht.

3. Chaith Katie gach maidin ag múineadh mata agus Béarla do pháistí idir cúig bliana d'aois agus seacht mbliana d'aois. Bhí siad an-dheas ach **giodamach** díreach cosúil le páistí den aois chéanna in Éirinn! Sa tráthnóna chuaigh sí ag obair i n**dílleachtlann** ina raibh seacht bpáiste dhéag. Bhí tuismitheoirí ag **formhór** na bpáistí ach bhí siad ró-bhocht chun bia agus leigheas a thabhairt dóibh sa bhaile.

4. Ach ní raibh Katie ag obair an t-am ar fad; bhuail sí leis na **hoibrithe** óga eile agus chaith sí na deireadh seachtainí ag taisteal timpeall chun cultúr an Ghána a **bhlaiseadh**. Thit sí i ngrá leis an tír agus leis an gclann a chuir céad míle fáilte roimpi. 'Is iad mo chlann féin anois iad,' a dúirt Katie tar éis teacht abhaile. 'Tá siad ina gcónaí i dtír eile ach **mar sin féin**, is iad mo chlann iad.'

Thaistil Katie le comhlacht Éireannach, EIL Intercultural Learning.

Gluais

deonach: voluntary/volunteer	**giodamach:** giddy
gach cearn den domhan: every corner of the world	**dílleachtlann:** orphanage
comhairle: advice	**formhór:** majority
sráidbhaile: village	**oibrithe:** workers
baineadh geit aisti: she got a shock	**blaiseadh:** to taste
áiseanna: facilities	**mar sin féin:** even so
	thaistil: travelled

Ceisteanna

1. (a) Cá bhfuil Katie Doyle ina cónaí?
   (b) Cá ndeachaigh sí ar feadh sé seachtaine?
2. (a) Cad a bhain geit as Katie nuair a chuaigh sí go dtí an sráidbhaile i dtosach?
   (b) Cén fáth nach raibh sí riamh déanach don scoil?
3. Conas a chaith Katie a deireadh seachtainí?
4. Cén t-alt sa sliocht thuas a dtagraíonn an abairt seo a leanas dó?
   'Ní bhfuair Katie aon airgead as a cuid oibre.'

Ag obair leis an duine in aice leat, cuir an cheist seo ar a chéile agus bí réidh do fhreagraí a rá os ard don rang.

■ 'Cad é an rud is mó a bhraithfeá uait (*you would miss*) dá mbeifeá i do chónaí san Afraic?'

Sampla
Bhraithfinn uaim (*I would miss*) an teilifís mar is aoibhinn liom féachaint ar *Ros na Rún* ar TG4.

> Freagraí ar fáil ag Teachers' Resources ar www.mentorbooks.ie

Ceachtanna Cluastuisceana – Cén tír í?

Éist go géar leis na leideanna faoi thíortha éagsúla agus scríobh síos ainmneacha na dtíortha atá i gceist i do chóipleabhar.

1. • Deirtear go ndearnadh an scáth báistí agus uachtar reoite sa tír seo den chéad uair.
   • Ní chuireann páistí fiacal faoina bpiliúr do Shióg na bhFiacla (*Tooth Fairy*): cuireann a dtuismitheoirí sa talamh é nó ar an díon!
   • Is aoibhinn le muintir na tíre eitleoga (*kites*) agus dragain.
   • Is aoibhinn leis na daoine dath dearg (ceapann siad go bhfuil ádh ag baint leis).

   Traic 18

2. • Seo an tír is faide ar domhan.
   • Tá ceann de Sheacht nlontas an Domhain (*Seven Wonders of the World*) sa tír seo.
   • Bhuaigh an tír seo Corn Sacair an Domhain cúig huaire, agus tá staid sacair i ngach cathair sa tír!
   • Is iad glas, gorm agus buí dathanna bhratach na tíre.

   Traic 19

Traic 20

3. • Tá 'banana benders' agus 'sandgropers' mar leasainmneacha ar dhaoine sa tír seo.
   • Tá an t-aer is glaine ar domhan anseo.
   • Tá clú agus cáil ar charraig mhór sa tír seo.
   • Tá níos mó ná 150 milliún caora sa tír ach níl ach 20 milliún duine ann.

Traic 21

4. • Thosaigh an cluiche cispheile sa tír seo.
   • Itheann na daoine sa tír seo níos mó *macaroni* agus cáise ná aon tír eile ar domhan!
   • Tugann na daoine an t-ainm 'loonie' ar a gcuid airgid.
   • Is iad haca oighir agus lacrosse spóirt traidisiúnta na tíre.

Traic 22

5. • Thosaigh an cluiche fichille *(chess)* sa tír seo agus cheap matamaticeoir ón tír seo 'pi'.
   • Ní dhearna an tír seo ionradh *(invade)* ar aon tír eile riamh.
   • Tugann 30,000 duine cuairt ar theampall *(temple)* sa tír seo gach lá agus fágann siad $6 mhilliún i mbronntanais airgid gach lá!
   • Thosaigh yoga sa tír seo 5,000 bliain ó shin.

Traic 23

6. • Tagann níos mó turasóirí (75 mhilliún) go dtí an tír seo gach bliain ná go dtí aon tír eile ar domhan!
   • Bhuaigh an tír seo níos mó duaiseanna Nobel don Litríocht ná aon tír eile.
   • Tá sé in aghaidh an dlí *(illegal)* 'Napoleon' a thabhairt ar mhuc, nó pógadh ar an traein.
   • Cuireadh Jim Morrison agus Oscar Wilde i reilig *(cemetery)* i bpríomhchathair na tíre.

Traic 24

7. • Glaotar *'The Land of a Thousand Lakes'* ar an tír seo.
   • Tá a lán comórtas suimiúla sa tír seo, mar shampla comórtas do bhean a iompar, teileafón a chaitheamh, aer-ghiotar agus 'breith ar mhuiscít *(mosquito)*'!
   • Gearrtar fíneáil *(fines)* ar dhaoine sa tír seo de réir a saibhris – fuair fear amháin fíneáil €116,000 as tiomáint ró-thapa.
   • Tagann an comhlacht teileafóin Nokia ón tír seo, agus thóg sé a ainm ón mbaile Nokia i ndeisceart na tíre ina ndéantar na teileafóin.

Traic 25

8. • Tagann an pianó, an veidhlín, spéaclaí agus Pinocchio ón tír seo.
   • Is é sacar an spórt náisiúnta.
   • Caitear €3,000 isteach i scairdeán uisce *(fountain)* cáiliúil sa tír seo gach lá!
   • Thug an tír seo píotsa agus pasta don domhan.

Tasc taighde

Roghnaigh tír a bhfuil suim agat inti. Déan taighde ar an tír ar an idirlíon (mar shampla, is féidir *'fun facts about . . . '* a chuardach ar Google). Scríobh amach ceithre leid *(hints)* faoin tír agus léigh amach don rang iad. An féidir leis na daltaí eile an tír a aithint?

Greim ar Ghramadach

An Aimsir Fháistineach (Future Tense)

Look at the notes and examples below to revise how to write regular verbs in the Aimsir Fháistineach.

Réimniú 1

◎ If the verb is a single-syllable, broad verb we add the following endings:
Glan**faidh mé, tú, sé, sí**
Glan**faimid**
Glan**faidh sibh, siad.**

◎ If the verb is a single-syllable, slender verb we add the following endings:
Bris**fidh mé, tú, sé, sí**
Bris**fimid**
Bris**fidh sibh, siad.**

◎ If you want to ask a QUESTION in the Future Tense we put 'An' before the verb and add an urú to a consonant but not to a vowel:
An mbuailfidh tú liom le haghaidh dinnéir?
An ólfaidh tú cupán tae?

◎ If you wish to put the verb into the NEGATIVE in the Future Tense you put 'Ní' before the verb and add a séimhiú, where possible:
Ní bhuailfidh mé leat le haghaidh dinnéir.
Ní ólfaidh mé cupán tae.

Tasc Gramadaí

A. Cuir na briathra i lúibíní san Aimsir Fháistineach agus scríobh amach i do chóipleabhar iad.
    1. (Pioc: sé) suas an bruscar mar tá sé an-néata.
    2. (Can: na daoine) 'Amhrán na bhFiann' ag an gcluiche peile.
    3. (Ní: caith: mé) m'éide scoile a thuilleadh mar chríochnaigh mé scrúdú na hArdteiste Dé hAoine.
    4. (An: fan: tú) liom ag an deireadh seachtaine?
    5. (Siúl: na páistí) go tapa nó beidh siad déanach don rang.

B. Cuir Gaeilge ar na habairtí seo a leanas agus athscríobh i do chóipleabhar iad. (Féach ar an mbosca 'Briathra Comónta' i gCaibidil 2.)
    1. I will meet you at the cinema at 6 o'clock.
    2. The teacher will not believe my story.
    3. My parents will pay for the holiday.
    4. We will put our money in the bank.
    5. They will not sell the house for €200,000.

Réimniú 2

◎ If the verb is a two-syllable, broad verb (e.g. CEANNAIGH) we add the following endings:
Ceann**óidh mé, tú, sé, sí**
Ceann**óimid**
Ceann**óidh sibh, siad.**

◎ If the verb is a two-syllable, slender verb (e.g. ÉIRIGH) we add the following endings:
Éir**eoidh mé, tú, sé, sí**
Éir**eoimid**
Éir**eoidh sibh, siad.**

An gceann**óidh** tú dinnéar dom? **Ní ch**eann**óidh mé!**
An éireoidh tú in am amárach? **Ní éireoidh!**

Tasc Gramadaí

C. Cuir na briathra i lúibíní san Aimsir Fháistineach agus scríobh amach i do chóipleabhar iad.
1. (Cabhraigh: Tomaí) le Daid an carr a ghlanadh.
2. (Ní: críochnaigh: an scannán) go dtí a deich a chlog.
3. (Ullmhaigh: mé) don scrúdú mar ba mhaith liom grád maith a fháil.
4. (An: brostaigh: sibh) nó beimid déanach!
5. (Smaoinigh: na buachaillí) ar leithscéal mar tá an fhuinneog briste agus beidh fearg ar Mham.

D. Cuir Gaeilge ar na habairtí seo a leanas agus athscríobh i do chóipleabhar iad. (Féach ar an mbosca 'Briathra Comónta' i gCaibidil 2.)
1. The match will not start at 3 o'clock, it will start at 3.30.
2. Will you collect the books from the library, please?
3. The teacher will examine the students in the summer.
4. The dog will not attack you!
5. Oisín will answer the question.

Briathra Neamhrialta (Irregular Verbs)

The 11 irregular verbs, listed below, do not always follow the above rules and should be learned by heart:

Bí	**Téigh**	**Feic**
Beidh mé (I will be)	**Rachaidh mé** (I will go)	**Feicfidh mé** (I will see)
Beimid (We will be)	**Rachaimid** (We will go)	**Feicfimid** (We will see)
Ní bheidh mé	**Ní** rachaidh mé	**Ní fh**eicfidh mé
An mbeidh?	**An** rachaidh?	**An bh**feicfidh?

Abair	**Déan**	**Faigh**
Déarfaidh mé (I will say)	**Déanfaidh mé** (I will do/make)	**Gheobhaidh mé** (I will get)
Déarfaimid (We will say)	**Déanfaimid** (We did/make)	**Gheobhaimid** (We will get)
Ní déarfaidh mé	**Ní dh**éanfaidh mé	**Ní bh**faighidh mé
Ar ndéarfaidh?	**An nd**éanfaidh?	**An bh**faighidh?

Clois	**Tabhair**	**Tar**
Cloisfidh mé (I will hear)	**Tabharfaidh mé** (I will give)	**Tiocfaidh mé** (I will come)
Cloisfimid (We will hear)	**Tabharfaimid** (We will give)	**Tiocfaimid** (We will come)
Ní chloisfidh mé	**Ní th**abharfaidh mé	**Ní th**iocfaidh mé
An gcloisfidh?	**An dt**abharfaidh?	**An dt**iocfaidh?

Ith	**Beir**
Íosfaidh mé (I will eat)	**Béarfaidh mé ar** (I will catch)
Íosfaimid (We will eat)	**Béarfaimid** (We will catch)
Ní íosfaidh mé	**Ní bh**éarfaidh mé
An íosfaidh?	**An mb**éarfaidh?

Tasc Gramadaí

E. Cuir Gaeilge ar na habairtí seo a leanas agus athscríobh i do chóipleabhar iad. (Féach ar an mbosca 'Briathra Comónta' i gCaibidil 2.)

1. I will be at the party on Saturday night.
2. We will go to Spain on our holidays next year.
3. The students will not hear the bell in time.
4. Will your parents eat meat?
5. The children will not give you any trouble.
6. Paul will come home from Australia for Christmas.
7. Will the teacher give you permission?
8. We will not make any noise.
9. Nóra will not say anything to Mam.
10. The Gardaí will catch the robber and I will see him on *Crimeline*.

Tasc scríofa

Ríomhphost

Lig ort gur bhuaigh tú turas go Páras don deireadh seachtaine. Beidh tú ag dul ann le do chara. Scríobh an ríomhphost a chuirfeá chuig do chara ag insint dó/di cad a dhéanfaidh sibh. Luaigh na pointí seo a leanas:

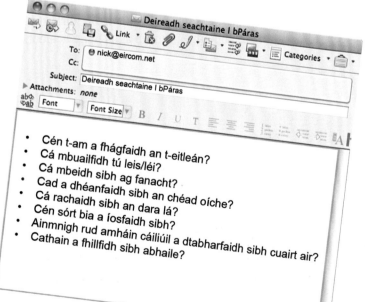

- Cén t-am a fhágfaidh an t-eitleán?
- Cá mbuailfidh tú leis/léi?
- Cá mbeidh sibh ag fanacht?
- Cad a dhéanfaidh sibh an chéad oíche?
- Cá rachaidh sibh an dara lá?
- Cén sórt bia a íosfaidh sibh?
- Ainmnigh rud amháin cáiliúil a dtabharfaidh sibh cuairt air?
- Cathain a fhillfidh sibh abhaile?

Léigh é!

Tóg nóiméad chun an píosa téacs seo thíos a léamh go ciúin tú féin. Bí réidh é a léamh os ard don rang, agus ansin déan na ceachtanna a leanann.

Ó Tholg go Tolg . . .

1. Ar mhaith leat taisteal ar fud an domhain ar bheagán airgid? Bhuel, seiceáil amach an coincheap nua '**surfáil tolg**' ar an idirlíon agus beidh tú ar do bhealach!

2. Tá fás mór tagtha le déanaí ar an surfáil tolg agus **ní hiontas sin** mar ní bhíonn aon **chostas lóistín** i gceist! Níl le déanamh ach clárú le ceann de na suíomhanna gréasáin a **riarann** an scéim, teacht ar dhuine atá sásta seomra nó a tholg a chur ar fáil duit ar feadh cúpla lá agus seo leat ag taisteal. Is féidir leat **cuireadh** ar ais a thabhairt do do chara nua, más maith leat, ach níl sé **éigeantach**. Creid nó ná creid, tá 350,000 tolg ar fáil san Eoraip faoi na scéimeanna seo cheana féin.

3. Sa tsraith nua den **chlár taistil** *Ó Tholg go Tolg* ar TG4, tugann na cailíní – an láithreoir, Bláthnaid, agus a ceamaradóir, Laura – aghaidh ar an Eoraip. Tugann siad cuairt ar 12 thír – ón nGearmáin go dtí **an Ostair**, **an Ungáir**, **an Eilvéis** agus an Fhrainc.

4. Sa Ghearmáin chodail siad ar an urlár le grúpa Meiriceánach, chaith siad lá ag scátáil timpeall Vienna, caitheadh amach ar an mbóthar iad i mBudapest agus bhí orthu sicín a mharú dá ndinnéar i Timisoara. Ach bhí rudaí níos fearr sa Fhrainc, áit ar bhuail siad le Francach dathúil, **plámásach** agus chuaigh siad go cúrsa **ag blaiseadh fíona**.

5. Trí thimpiste a thosaigh an **ghluaiseacht** seo ar dtús nuair a cheannaigh dalta óg Meiriceánach, Casey Fenton, ticéad eitleáin ó Bhoston go dtí **an Íoslainn** ar phraghas an-íseal. Ach ní raibh aithne aige ar aon duine san Íoslainn agus mar sin sheol sé 1,500 ríomhphost go dtí daltaí i gColáiste Ollscoile na hÍoslainne. Fuair sé caoga ríomhphost ar ais agus caoga **tairiscint** de lóistín **saor in aisce**. Bhain sé an-taitneamh as an turas agus nuair a tháinig sé abhaile thosaigh sé ag obair ar an suíomh idirlín. **Láinseáladh** é sa bhliain 2004 agus inniu tá 4 mhilliún duine timpeall an domhain cláraithe leis. Dea-scéala eile ón idirlíon ach, mar sin féin, caithfear a bheith cúramach agus tú ag bualadh le daoine ar líne.

Gluais	
surfáil tolg: 'couch surfing' (ag fanacht le daoine gan airgead a íoc)	**An Ungáir:** Hungary
ní hiontas sin: that's no surprise	**An Eilvéis:** Switzerland
costas lóistín: cost of accommodation	**plámásach:** charming
riarann: organises	**ag blaiseadh fíona:** wine-tasting
cuireadh: invitation	**gluaiseacht:** movement
éigeantach: compulsory	**An Íoslainn:** Iceland
clár taistil: travel programme	**tairiscint:** offer
An Ostair: Austria	**saor in aisce:** free of charge
	láinseáladh: was launched

Léigh agus pléigh

Ag obair leis an duine in aice leat cuir na ceisteanna seo ar a chéile.

- Cad is brí le 'surfáil tolg'?
- Ar chuala tú faoi roimhe seo *(before now)*?
- Ar chuir aon rud san alt ionadh *(surprise)* ort?
- Ar mhaith leatsa 'surfáil tolg' a dhéanamh tar éis na hArdteiste? Cén fáth? Cén áit?

Tasc scríofa

Léirmheas

Féach ar eipeasóid den chlár *Ó Tholg go Tolg* ar TG4. Ansin, scríobh léirmheas *(review)* gearr air. Féach ar na pointí seo a leanas chun cabhrú leat:

- Cá ndeachaigh na cailíní sa chlár seo?
- Cé leis ar fhan siad sna háiteanna éagsúla (difriúla)?
- Cén sórt daoine iad – an raibh siad óg nó aosta, greannmhar nó dáiríre, suimiúil . . .?
- Ainmnigh roinnt de na rudaí a rinne na cailíní.
- Ar tharla aon rud sa chlár a chuir ionadh ort nó a bhí greannmhar?
- Ar thaitin an clár leat? Ar mhaith leat féin dul go dtí na háiteanna a bhí ar an gclár nó ag surfáil tolg sa todhchaí?

Bí ag caint!

Sraith pictiúr: Saoire san Iodáil

Ag obair leis an dalta in aice leat, féachaigí ar na pictiúr seo a léiríonn plean Lúna don samhradh seo chugainn. Ansin cuirigí na ceisteanna thíos ar a chéile.

1. Cá rachaidh Lúna agus Ciara ar a laethanta saoire i mbliana?
2. Conas a rachaidh siad ann?
3. Cá bhfanfaidh siad?
4. Conas mar a chaithfidh siad an chéad chúpla lá?
5. Ansin, cá rachaidh siad agus cad a fheicfidh siad?
6. Tabharfaidh na cailíní cuairt ar dhá chathair eile. Ainmnigh iad.
7. Cad a fheicfidh siad sa Róimh agus i bPisa?
8. Cad eile a dhéanfaidh na cailíní?
9. Cad a dhéanfaidh siad gach oíche?
10. An dóigh leat (*do you think*) go mbainfidh siad taitneamh as a laethanta saoire?

Mo laethanta saoire an samhradh seo chugainn

Bunaithe ar an sampla thuas sa tsraith pictiúr, scríobh amach alt gearr (10–15 líne) ar do phlean do do laethanta saoire an samhradh seo chugainn. Bí réidh é a léamh amach don rang agus ceisteanna a fhreagairt. Ar aghaidh leat!

Féinmheasúnú
Cad atá foghlamtha agam?

Ceist 1: Tráth na gCeist
(a) Cad is brí leis na focail seo a leanas i logainmneacha: dún, baile, gleann, inis?
(b) Conas a d'aithin daoine áiteanna difriúla fadó nuair nach raibh aon chomharthaí bóithre ann?
(c) Luaigh logainm amháin a tháinig tar éis na Críostaíochta.
(d) Cathain a tháinig na Lochlannaigh go hÉirinn?
(e) Cad a bhunaigh siad?
(f) Cathain a tháinig na Normannaigh go hÉirinn?
(g) Cén chuid den tír a bhí faoina smacht?
(h) Cad a tharla tar éis na bPlandálacha?
(i) Ar thuig na saighdiúrí Gaeilge? Conas, mar sin, ar scríobh siad síos logainmneacha na tíre?
(j) Cad is brí le do logainm féin?

Ceist 2: M'Áit Chónaithe
Scríobh óráid ghearr faoi d'áit chónaithe.

Ceist 3: Gramadach: An Aimsir Fháistineach
Cuir Gaeilge ar an teachtaireacht teileafóin seo a leanas:

Hi Jo. Méabh here. I will meet you at 6 o' clock at the cinema. I will buy the tickets on line. The film will start at 7 and it will finish at 8.30. We will go for a pizza before the film if you like. Call or send me a text. See you later.

Lig do Scíth!

Freagraí ar fáil ag Teachers' Resources ar
www.mentorbooks.ie

Bain triail agus taitneamh as an bpuzal seo a leanas:

Bris an Cód

Cén téarmaí Gaeilge atá léirithe sna híomhánna thíos? Tá cúig nóiméad agat chun iad a fháil. Glaoigh amach d'fhreagraí don rang nuair atá siad agat. Go n-éirí leat!

Sampla:

Freagra: Bun os cionn

1

E ha

2

3

4

Ar na
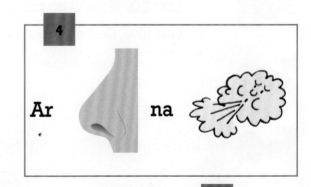

5

Mo   a is

6

Ar

Laethanta Scoile . . . na laethanta is fearr i do shaol?

Clár

Réamhrá

'Is iad na laethanta scoile na laethanta is fearr i do shaol!' Ar chuala tú é sin riamh? Níl morgáiste le híoc agat, nó páistí ag cur imní ort!' Ach, ar an taobh eile den scéal deir daltaí nach dtuigeann a dtuismitheoirí an brú a bhíonn orthu na laethanta seo – brú maidir le scrúduithe, bulaíocht, piar-bhrú agus eile. Is dócha go bhfuil an fhírinne áit éigin idir an dá thaobh.

Bí ag caint!

Ag obair leis an duine in aice leat cuirigí na ceisteanna seo ar a chéile.

- An dtaitníonn scoil leat? Cén fáth?
- Cad é an rud is fearr leat faoin scoil seo?
- An raibh tú riamh i dtrioblóid? Cad a rinne tú?
- An raibh tú riamh ar choinneáil (*detention*)? Cé a chuir ar choinneáil tú? Cén fáth?

Cuir plé ranga ar siúl faoi na rudaí is fearr agus na rudaí is measa faoi dhul ar scoil agus faoi do scoil féin.

Saotharlann Phróis

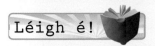

Léigh é!

Seo thíos sliocht as an úrscéal *An bhfaca éinne agaibh Roy Keane?* le Micheál Ó Ruairc.

> *Is buachaill óg é Brian Ó Treasaigh, cúig bliana déag d'aois, nach dtaitníonn saol na scoile rómhór leis. B'fhearr leis a bheith amuigh ag imirt sacair. Is é an t-aon rud a theastaíonn uaidh sa saol ná a bheith ina pheileadóir proifisiúnta le Manchester United. Is buachaill cliste é agus tá gach **cleas** buailte aige ar a thuismitheoirí go dtí seo maidir lena **dhrochiompar** ar scoil. Ach, faraor, **tá a phort seinnte anois**.*

An bhfaca éinne agaibh Roy Keane?

Dhúisigh Brian Ó Treasaigh **de gheit**. D'fhéach sé ar a **uaireadóir**. A trí a chlog. **Lig sé osna**. Bhí uair amháin eile le déanamh aige. Thart timpeall air i Seomra 26 bhí scata de **phleidhcithe** eile cosúil leis féin ag scríobh **ar a ndícheall** nó **ag aislingeacht** mar a bhí ar siúl aige féin go dtí nóiméad nó dhó ó shin.

Iad go léir **ar choinneáil** i leabharlann bheag na scoile óna dó go dtí a ceathair. Gach Céadaoin le ceithre mhí anuas bhíodh Brian ar a choinneáil go rialta. Ba chuid dá sheachtain scoile faoin am seo bheith ar choinneáil. Agus an rud ba mheasa ar fad ná go mbeadh sé curtha **ar fionraí** go ceann **coicíse** ar an Aoine.

D'fhéach sé ar an gcóipleabhar os a chomhair ar an mbinse. Rialacha na scoile! Cosúil le gach éinne eile timpeall air, bhí sé de **phíonós** air rialacha na scoile a n-athscríobh ina chóipleabhar faoi chéad idir a dó agus a ceathair a chlog. Bhí siad scríte amach aige faoi mhíle le ceithre mhí anuas agus gach uile riail **de ghlanmheabhair** aige.

Riail 1: Bí in am ar maidin.
Riail 2: Bí gléasta i d'éide scoile.
Riail 3: Beir leat gach leabhar do gach rang.
Riail 4: Níl guma coganta ceadaithe.
Riail 5: Fág do ghuthán póca sa bhaile.
Riail 6: Ná caith do chuid bhruscair ar an talamh.
Riail 7: Ná caith toitíní sa chlós.
Riail 8: Ná bí drochbhéasach leis na múinteoirí.
Riail 9: Ná bí ag cur isteach ar dhaltaí eile.
Riail 10: Déan iarracht mhacánta i ngach rang.

Gluais		
cleas: trick		**ar a ndícheall:** doing their best
drochiompar: bad behaviour		**ag aislingeacht:** daydreaming
tá a phort seinnte anois: the game is up for him		**ar choinneáil:** on detention
		ar fionraí: suspended
de gheit: with a start		**coicís:** fortnight
uaireadóir: watch		**píonós:** punishment
lig sé osna: he sighed		**de ghlanmheabhair:** by heart
pleidhcithe: messers		

Bhí gach ceann de na rialacha briste agus briste faoi thrí ag Brian ó thús na scoilbhliana. B'shin an fáth a raibh na cártaí dearga bailithe aige is go mbíodh sé **de shíor** ar choinneáil. B'shin an fáth go mbeadh sé ar fionraí ar feadh coicíse, ag tosú ar an Luan beag seo. Chroith sé a cheann. Bhí an tríú bliain beagnach críochnaithe agus ní raibh aon **dul chun cinn** déanta aige ar scoil. Dúirt na múinteoirí ar fad go raibh sé **ag dul siar**! Chroith sé a cheann arís. Níor thuig éinne é. Níor thuig éinne an méid á bhí á **fhulaingt** aige.

Bhí an leas-phríomhoide, **go háirithe**, go trom anuas air le tamall anuas.

'Brian Ó Treasaigh! Cad a tharla duitse? Cá ndeachaigh tusa ar strae? Is duine cliste tusa. Ba chóir duit a bheith ag iarraidh **cruth níos fearr** a chur ar do shaol ná a bheith i gcónaí i dtrioblóid!'

Murach an sacar, ní i gColáiste Eoin a bheadh Brian. Bheadh **printíseacht** aige le **comhlacht** éigin is bheadh sé ag imirt sacair go páirtaimseartha le Bohs. Nó dá mbeadh an t-ádh leis, bheadh sé ag imirt le Man Utd, le Aston Villa nó le Crewe Alexander.

D'fhéach sé ar an uaireadóir arís. Fiche chun a ceathair. Fiche nóiméad eile! Fiche nóiméad eile agus bheadh sé ar a bhealach abhaile.

Ní bheadh éinne sa bhaile roimhe. A athair is a mháthair ag obair. A athair ag obair mar **bhríceadóir** le McInerney. A mháthair ina gruagaire le Peter Mark. Cheap siadsan go raibh Brian ag déanamh **tionscnaimh staire** sa leabharlann don tráthnóna. Rinne Brian **meangadh mór gáire**. Bhí sé ró-chliste do na múinteoirí is don phríomhoide. Bhí a thuismitheoirí **dall** ar fad ar a chuid **bligeardaíochta** ar scoil.

Gluais

de shíor: always
dul chun cinn: progress
ag dul siar: going backwards
fulaingt: suffering
go háirithe: especially
cruth níos fearr: better shape
murach: if it were not for

printíseacht: apprenticeship
comhlacht: business/company
bríceadóir: bricklayer
tionscnamh staire: history project
meangadh mór gáire: a big smile
dall: blind
bligeardaíochta: messing

Ag tús na scoilbhliana, smaoinigh sé ar phlean iontach. Cheannaigh sé dhá dhialann scoile. Bhí dialann amháin aige – an ceann a thaispeánfadh sé do na múinteoirí – lán le nótaí agus le **droch-thuairiscí** ó na múinteoirí. Bhí an ceann eile chomh glan le sneachta. Dhéanfadh sé **síniú** a thuistí a **fhalsú** sa dhialann oifigiúil go rialta.

Bhí a fhios aige go **mbéarfaí air luath nó mall** ach bhí Brian sásta dul sa tseans agus leithscéal réidh aige don lá sin.

Sheas an Máistir Ó Riain suas agus dúirt sé go raibh an **seisiún fionraíochta** thart. Amach an doras leis na buachaillí mar **chonairt de mhadraí allta ar thóir sionnaigh**. Nuair a shroich Brian doras na scoile, bhí gach duine eile imithe.

Ag baint an glas dá rothar a bhí sé nuair a thit **scáth** dubh anuas air. D'fhéach sé suas. **Baineadh geit as** nuair a chonaic sé cé a bhí ann.

'Bhí mé ag labhairt le do mháthair ar an bhfón anois díreach,' arsa an príomhoide, an tUasal de Faoite leis. 'Mhínigh mé di go mbeidh tú ar fionraí ar feadh coicíse ag tosnú ar an Luan seo chugainn. **Bhain mé preab aisti**. Bhí sé soiléir nár léigh sí an nóta a chuir mé i do dhialann scoile ná nár shínigh sí do dhialann scoile **ach an oiread**. Caithfidh gur **síniú bréige** a bhí sa tsíniú a thaispeáin tú domsa, a Bhriain. Anois téigh abhaile duit féin agus bí ag caint le do mháthair. Feicfidh mé thú i m'oifig ag a leathuair tar éis a hocht ar maidin!'

D'imigh Brian leis ar a rothar agus a aghaidh chomh bán le sneachta.

Gluais

droch-thuairiscí: negative reports
síniú: signature
falsú: forge/falsify
béarfaí air: he would be caught
luath nó mall: sooner or later
seisiún fionraíochta: detention session

conairt de mhadraí allta ar thóir sionnaigh: a pack of wild dogs after a fox
scáth: shadow
baineagh geit as: he got a fright
bhain mé preab aisti: I shocked her
ach an oiread: either
síniú bréige: forged signature

Bhí drochscéal ag fanacht le Brian nuair a chuaigh sé abhaile. Casadh a shaol bun os cionn. Cúpla mí ina dhiaidh sin tháinig scabhta ó Man U chun féachaint air ag imirt peile ach an raibh sé maith go leor dóibh? Tá an scéal iomlán ar fáil sa dá leabhar **An bhfaca éinne Roy Keane?** *agus* **I bhfad ó bhaile** *le Micheál Ó Ruairc.*

Ceisteanna

1. Cá raibh Brian ag tús an scéil?
2. Cén fáth a raibh Brian agus na buachaillí eile ar choinneáil?
3. Cad a bhí le déanamh acu mar phíonós?
4. Ba bhuachaill cliste é Brian. Cén plean a rinne sé ag tús na bliana?
5. Cén droch-scéal (*bad news*) a bhí ag an bpríomhoide dó?
6. Cén fáth, dar leat, an raibh aghaidh Bhriain chomh bán le sneachta agus é ag dul abhaile?
7. Cén sórt carachtair é Brian, dar leat? Cuir fáth le do thuairim. (Féach an bosca Aidiachtaí i gCaibidil 2.)
8. Ar thaitin an scéal leat? Cén fáth?

A. Comhrá

Lig ort gur tusa Brian sa scéal thuas. Chuir tú glaoch ar do chara ar d'fhón póca ag insint dó cad a tharla. Cén fáth an raibh tú i dtrioblóid an uair seo? Cad a dúirt an príomhoide leat? An raibh imní nó eagla ort ag dul abhaile? Cad a tharla sa bhaile? Ag obair leis an dalta in aice leat, scríobh amach an comhrá agus déan an ról-ghlacadh os comhair an ranga.

Bhí mé . . .	I was . . . .
ag múitseáil ón rang	mitching class
ag caitheamh tobac	smoking
ag troid le dalta eile	fighting with another student
ag eascainí	cursing
ag cur isteach ar obair an ranga	disturbing the class
drochbhéasach leis an múinteoir	disrespectful towards the teacher
ag déanamh graifítí	
Ní dhearna mé m'obair bhaile	
Ghoid mé . . .	I stole
Bhris mé . . .	I broke
Bhuail mé . . .	I hit
Rinne mé cóipeáil ar . . .	I copied
Rugadh orm . . .	I was caught
Cárta dearg . . . glaoch abhaile . . . cruinniú le mo thuistí . . .	
Bhí fearg/díomá/náire ar X	X was annoyed/disappointed/embarrassed
Beidh Daid ar buile	Dad will be furious
Maróidh sé/sí mé!	He/she will kill me!
Tógfaidh said . . . uaim	They will take . . . from me

Bosca Foclóra

B. Scéal

Ceap scéal a mbeadh na habairtí seo a leanas oiriúnach mar thús leis:

*'Bhí a fhios agam go bhfaca an leas-príomhoide mé.
Bhí mé i dtrioblóid mhór . . .'*

Bí ag caint!

Plé ranga

Ag smaoineamh siar ar scéal Bhriain, déan plé ranga agus freagair na ceisteanna seo a leanas:

- An bhfuil aon riail i do scoilse nach raibh i scoil Bhriain?
- An bhfuil cead an fón a bheith agat sa seomra ranga nó an gá duit é a fhágáil i do thaisceadán? An bhfuil sé seo féaráilte?
- An bhfuil éide scoile agaibh? Má tá, an maith leat é? An smaoineamh maith é éide scoile a bheith ag daltaí? Cén fáth?
- Muna bhfuil éide scoile agaibh, ar mhaith leat éide scoile a bheith agat? Cén fáth?
- Cad é an píonós i do scoilse ar thobac a chaitheamh? An dóigh leat go bhfuil sé sin féaráilte? An ndéanann sé aon difríocht do dhaltaí?
- Fuair Brian 'cárta dearg' nuair a bhí sé i dtrioblóid. Cad a fhaigheann daltaí i do scoilse?
- Cén píonós, seachas coinneáil siar, a thugann na múinteoirí do dhaltaí i do scoilse?
- An dóigh leat go bhfuil rialacha riachtanach? Cén fáth?

Ag Sárú na Rialacha

 Léigh é!

Tóg nóiméad chun an giota thíos a léamh go ciúin tú féin ar dtús. Ansin, bí réidh é a léamh os ard don rang agus déan na ceachtanna a leanann.

*Bhunaigh Ben Wagner an suíomh sóisialta agus app don iPhone, LifeKraze, nuair a bhí sé 22 bhliain. Tugann an suíomh **spreagadh** agus **tacaíocht** do dhaoine saol sláintiúil, fuinniúil a chaitheamh. Is é **mana an chomhlachta** ná 'Live like it counts'. Léigh an t-agallamh thíos a rinne Ben.*

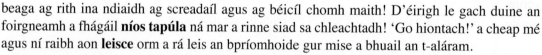

D'fhoghlaim mé gach rud faoi 'Startups' agus mé ar choinneáil!

D'fhoghlaim mé go luath sa saol go raibh mé sórt **amhrasach** faoi rialacha.

Nuair a bhí mé i rang a haon ar an mbunscoil dúirt an múinteoir linn seasamh go ciúin agus siúl amach as an seomra ranga i líne **gan focal a rá**, dá mbeadh tine sa scoil. I rith an chéad **chleachtadh dóiteáin** rug an múinteoir orm ag caint agus chuir sí ar choinneáil mé don sos. 'Sin amaideach,' a cheap mé, 'dá mbeadh tine ann **i ndáiríre** ní rachadh éinne amach mar sin.' Ag smaoineamh air seo, shocraigh mé an t-**aláram dóiteáin** a chur ar siúl le féachaint cad a tharlódh.

Bhí an ceart agam! Rith na múinteoirí go dtí an doras **ag screadaíl** agus ag béicíl, agus na daltaí beaga ag rith ina ndiaidh ag screadaíl agus ag béicíl chomh maith! D'éirigh le gach duine an foirgneamh a fhágáil **níos tapúla** ná mar a rinne siad sa chleachtadh! 'Go hiontach!' a cheap mé agus ní raibh aon **leisce** orm a rá leis an bpríomhoide gur mise a bhuail an t-aláram.

Bhí mé ag tnúth le moladh agus duais ach céard a fuair mé ach coinneáil! Nuair a thosaigh mé ag argóint, ag iarraidh mo phointe **a léiriú**, fuair mé níos mó coinneála! Ar aghaidh linn 15 bliana agus mé i mo CEO den chomhlacht LifeKraze agus fós ní chreidim i rialacha.

Is féidir le daoine teacht agus imeacht ag am ar bith . . . oibríonn roinnt daoine go dtí a trí a chlog ar maidin, tosaíonn daoine eile ag a sé a chlog ar maidin.

Muna bhfuil tú ag obair go maith i rith na seachtaine, is féidir leat imeacht agus teacht isteach ag an deireadh seachtaine. Is féidir laethanta saoire **gan teorainn** a thógáil . . . níl suim agam ach go mbeidh an jab déanta go maith!

Níl ach trí riail agam dom féin sa ghnó:
1. Faigh na daoine cearta chun oibriú leat. Bí cinnte go bhfuil grá acu don obair.
2. Bíodh plean soiléir agat agus ansin, seas as an mbealach! Lig do na daoine an obair a dhéanamh – ná bí ag cur isteach orthu le rialacha seafóideacha.
3. Buail an t-aláram go rialta . . . nuair a bhíonn brú ar dhaoine tuigimid cad atá tábhachtach. Muna bhfuil rud – riail nó aon rud eile – ag obair, athraigh é.

Gluais

bunaigh: set up/establish	**amhrasach:** suspicious/ doubtful	**aláram dóiteáin:** fire alarm
spreagadh: inspiration	**gan focal a rá:** without saying a word	**ag screadaíl:** screaming
tacaíocht: support		**níos tapúla:** faster
mana: motto	**cleachtadh dóiteáin:** fire drill	**leisce:** reluctant
comhlacht: company / business	**i ndáiríre:** really	**a léiriú:** to show
		gan teorainn: limitless

Bí ag caint!

A. Cad í an cheist?

Aistrigh na ceisteanna seo a leanas agus cuir ar an duine in aice leat iad. Bíodh na freagraí i nGaeilge.

1. What is the name of the company that Ben Wagner founded?
2. What happened during *(i rith)* the fire drill when Ben was in primary school?
3. What punishment did Ben get?
4. Does Ben believe in rules?
5. Name the three rules he has in his company.
6. What age is Ben?

B. Mar rang, déan plé ar an alt thuas faoi Ben Wagner. Cén sórt duine é? An maith leat é? Cén fáth? Ar mhaith leat a bheith ag obair leis? Cén fáth? An bhfuil sé cosúil le Brian sa scéal *An bhfaca éinne agaibh Roy Keane?* Conas? Seiceáil amach www.lifekraze.com – cad a cheapann tú faoi?

Tasc scríofa

Rialacha scoile

Ag obair le dalta eile, samhlaigh go bhfuil an seans ag daltaí i do scoil a rialacha féin a chumadh. Cén rialacha a chaithfeá amach? Scríobh trí riail a choimeádfá nó scríobh trí riail nua. Léigh amach don rang iad.

Smaoinigh ar:
- Éide scoile agus obair bhaile
- Píonóis agus duaiseanna
- Fóin phóca, iPodanna
- Fáinní cluaise agus smideadh *(make up)*
- An t-am a thosaíonn agus a chríochnaíonn an scoil gach lá
- An méid lá scoile a bheadh sa tseachtain
- Sosanna
- Ábhair agus spóirt
- Troscán don seomra ranga
- Rialacha do na múinteoirí

Sampla

Riail 1: Caithfidh na múinteoirí a bheith i ndea-ghiúmar gach lá.
Riail 2: Físeán agus cóisir gach Aoine!

Ceachtanna Cluastuisceana – Ábhair scoile

Éist leis na leideanna ar an bpodchraoladh agus scríobh síos i do chóipleabhar na hábhair atá i gceist. (Tá liosta ábhar thíos chun cabhrú leat.)

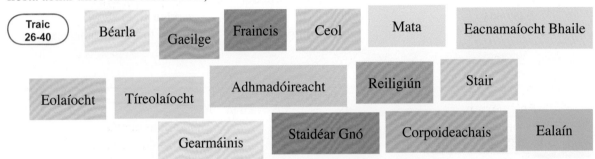

Traic 26-40

Béarla Gaeilge Fraincis Ceol Mata Eacnamaíocht Bhaile

Eolaíocht Tíreolaíocht Adhmadóireacht Reiligiún Stair

Gearmáinis Staidéar Gnó Corpoideachais Ealaín

Greim ar Ghramadach

Céimeanna Comparáide na nAidiachtaí
(The Comparative Form of the Adjective)

The Comparative Adjective does just what it says on the tin! It allows us to compare adjectives, to express preferences. Here are some of the most commonly used comparative forms in Irish:

An Bhunchéim	An Bhreischéim (-er)	An tSárchéim (-est)
go maith (good)	**níos** fearr (better)	**is** fearr (best)
go dona (bad)	níos measa	is measa
sean (old)	níos sine	is sine
óg (young)	níos óige	is óige
mór (big)	níos mó	is mó
beag (small)	níos lú	is lú
éasca (easy)	níos éasca	is éasca
deacair (difficult)	nios deacra	is deacra
suimiúil (interesting)	níos suimiúla	is suimiúla
leadránach (boring)	níos leadránaí	is leadránaí
áisiúil (handy)	níos áisiúla	is áisiúla
praiticiúil (practical)	níos praiticiúla	is praiticiúla
taitneamhach (enjoyable)	níos taitneamhaí	is taitneamhaí
crosta (cross)	níos crosta	is crosta
deas (nice)	níos deise	is deise

Is maith liom (I like)	Is fearr liom (I prefer)
Ní maith liom (I don't like)	Is fuath liom (I hate)
Is fearr liom X ná aon ábhar eile	(I prefer X to any other subject)
Is é X an t-ábhar is lú spéise dom	(X is my least favourite subject)

Tasc Gramadaí

Athscríobh na habairtí seo a leanas i do chóipleabhar agus líon na bearnaí **le do thuairimí féin**.

1. Tá *Moone Boy* go maith ach tá _____ níos fearr.
2. Tá *X-Factor* go dona ach tá _____ níos measa.
3. Tá Iníon _____ crosta ach tá _____ níos crosta fós.
4. Tá Fraincis deacair, tá Gaeilge níos deacra ach is í _____ an teanga _____ _____ dar liomsa.
5. Tá eolaíocht suimiúil, tá tíreolaíocht _____ _____ ach is é stair an t-ábhar _____ _____.
6. Tá beirt deartháireacha agam, Pól agus Antaine. Tá Pól níos _____ ná mé, tá Antaine níos _____ ná mé. Tagaim féin sa lár.
7. Is fuath liom cricéad. Sílim gurb é an cluiche is _____ ar domhan.
8. Is maith liom ábhair phraiticiúla. Is maith liom miotalóireacht, ach sílim go bhfuil adhmadóireachta níos _____. Ach, gan dabht ar bith is í eacnamaíocht bhaile an t-ábhar is _____ ar fad, mar caithfidh gach duine ithe!

Tasc scríofa

Ábhair nua na hIdirbhliana

Anois agus tú san Idirbhliain, tá ábhair nua á ndéanamh agat.

- Meaitseáil na siombail seo leis an liosta ábhar thíos.
- Scríobh amach i do chóipleabhar na hábhair atá á ndéanamh agat féin.
- An bhfuil aon ábhar á dhéanamh agat nach bhfuil ar an liosta thíos?

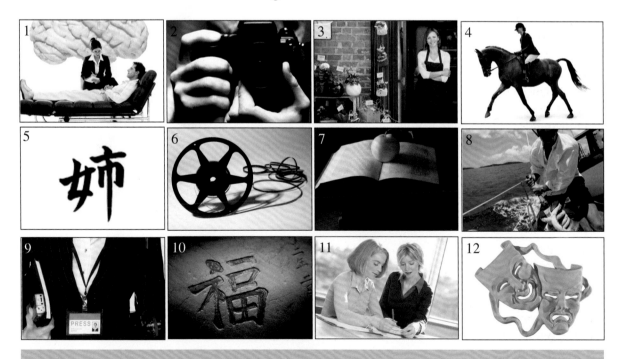

• Scannánaíocht • Iriseoireacht • Marcaíocht chapall • Drámaíocht • Siceolaíocht • Mandairínis
• Mion-chomhlacht • Seoltóireacht • Seapáinis • Fealsúnacht • Grianghrafadóireacht • Taithí oibre

> ## Léigh é!

An ndéanann daltaí na hIdirbhliana i do scoilse an mion-chomhlacht? An bhfuil tusa páirteach ann nó an bhfuil éinne de do chairde?

Léigh na tuairiscí a leanas go ciúin tú féin ar dtús. Ansin, bí réidh é a léamh os ard don rang agus déan na ceisteanna a leanann.

'Class acts' – na Dragúin nua!

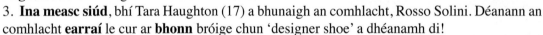

1. Tá **glúin** nua d'fhiontraithe nó 'entrepreneurs' i seomraí ranga na tíre, a n-**inspioráid** tógtha ó dhaoine ar nós Mark Elliot Zuckerberg agus na deartháireacha ó Luimneach, Patrick agus John Collison, lena gcomhlacht teicneolaíochta, Stripe.

2. I mbliana chuir 16,600 dalta ó 387 meánscoil ar fud na tíre isteach ar an Student Enterprise Programme. Bhí an **taighde** déanta acu agus an comhlacht bunaithe.

3. **Ina measc siúd**, bhí Tara Haughton (17) a bhunaigh an comhlacht, Rosso Solini. Déanann an comhlacht **earraí** le cur ar **bhonn** bróige chun 'designer shoe' a dhéanamh di!

4. Ar dtús, rinne Tara 50 ceann a dhíol sí le daltaí na hIdirbhliana ina scoil féin, ach anois tá siad á ndíol i 23 thír ar fud an domhain ón Astráil go dtí Ceanada. Tá 30 **dearadh** difriúil aici, ceann amháin a rinneadh go speisialta do Chluichí Oilimpeacha 2012. Ainmníodh Tara don Global Enterprise Award.

5. Bhí Aisling Ní Shúilleabháin agus seisear dá cairde ó Scoil Mount Saint Michael i Rosscarberry, Corcaigh ag foghlaim conas tiomáint nuair a fuair siad an inspioráid dá ngnó. **Thug siad faoi deara** go raibh sé deacair na plátaí L d'fhoghlaimeoirí a fheiceáil nuair a bhí sé dorcha nó an aimsir go dona. Rinne siad Visu-L – pláta L **frithchaiteach** a fuair tacaíocht ón Road Safety Authority agus ó chomhlachtaí árachais FBD agus Aviva. Ó tá 60,000 duine in Éirinn ag foghlaim conas tiomáint gach bliain ceapann na daltaí go bhfuil margadh **ollmhór** ann dá bplátaí.

6. Is léir go bhfuil **coinsias sóisialta** ag na daltaí chomh maith le **féith an ghnó** mar tá siad ag tabhairt deich faoin gcéad (10%) den **bhrabús** don National Rehabilitation Centre, áit a dtéann daoine nuair a bhíonn **lúth na ngéag caillte** acu, uaireanta tar éis timpistí bóithre.

glúin: generation	**thug siad faoi deara:** they noticed
inspioráid: inspiration	**frithchaiteach:** reflective
taighde: research	**ollmhór:** huge
ina measc siúd: among them	**coinsias sóisialta:** social conscience
earraí: goods	**féith an ghnó:** a talent for business
bonn: sole (of shoe)	**brabús:** profit
dearadh: design	**lúth na ngéag caillte:** paralysed

Gluais

Ceisteanna
1. (a) Cá bhfuil na daltaí ag fáil a n-inspioráide, de réir an ailt thuas?
   (b) Cé mhéad dalta a chuir isteach ar an Student Enterprise Programme i mbliana?
2. (a) Cad a rinne Tara Haughton?
   (b) Conas a d'éirigh léi? Cuir fáth le do fhreagra.
3. (a) Cad a thug na daltaí ó Scoil Mount Saint Michael faoi deara nuair a bhí siad ag foghlaim conas tiomáint?
   (b) Cad is ainm dá gcomhlacht?
4. Conas atá a fhios againn gur daltaí cineálta iad na daltaí ó Scoil Mount Saint Michael?
5. Scríobh amach CÚIG bhriathar san Aimsir Chaite ón sliocht.

Ceachtanna Cluastuisceana – 'Gaisce'
Chomh maith le himeachtaí ar nós an mhion-chomhlachta, uaireanta glacann daltaí páirt i ndúshlán (*challenge*) Gaisce. Éist go géar leis an gcomhrá ar an bpodchraoladh agus freagair na ceisteanna seo a leanas i do chóipleabhar.

Ceisteanna
1. Cén fáth ar ghlac Aindí páirt i ndúshlán Gaisce?
2. Cén bonn a gheobhaidh sé ag an deireadh?
3. Ainmnigh scil nua amháin a d'fhoghlaim sé.
4. Cá ndeachaigh sé ar a 'Thuras Eachtraíochta' (*Adventure Journey*)?
5. Cé a bhí in éineacht leis?
6. Cad a cheapann Aindí faoi Gaisce?

Ar líne
Chun tuilleadh eolais a fháil faoi Gaisce téigh go **www.gaisce.ie**.

Blag
Ag obair i ngrúpaí, roghnaigh rud amháin nua atá á dhéanamh agaibh san Idirbhliain agus scríobh cuntas gairid air. Cuir na cuntais ó gach grúpa le chéile mar bhlag ar shuíomh idirlín na scoile nó i nuachtiris na scoile. Ná déan dearmad grianghrafanna a uaslódáil ar an suíomh más féidir.
- Cad is ainm don ábhar?
- Cén múinteoir atá agat?
- Cathain a bhíonn an rang ar siúl?
- Cad a dhéanann tú sna ranganna de ghnáth?
- Rud amháin suimiúil/taitneamhach a rinne tú – tionscnamh, taispeántas, imeachtaí nó comórtas a raibh tú páirteach ann, rud a d'fhoghlaim tú.
- Cad é an rud is fearr leat faoin Idirbhliain go dtí seo?

Léigh é!

Léigh na tuairiscí a leanas go ciúin tú féin ar dtús. Ansin, bí réidh iad a léamh os ard don rang agus déan na ceisteanna a leanann.

1

Cearta oideachais

Seo Malala Yousufzai, cailín ceithre bliana déag d'aois, atá ina cónaí sa Phacastáin. Bhí Malala ina suí ar bhus, ag fágáil a scoile i Mingora nuair a léim fir ón Taliban ar an mbus agus **lámhaigh** siad sa cheann í. Gortaíodh beirt chailíní eile. Cén fáth a bhfuil an Taliban ag iarraidh Malala a mharú? Mar go bhfuil sí ag iarraidh oideachas a fháil do chailíní!

Tháinig clú agus cáil ar Mhalala nuair a thosaigh sí ag scríobh blag don BBC sa bhliain 2009 faoina saol faoi **réim** na dTaliban agus faoina **feachtas** chun **cearta oideachais** a fháil do chailíní sa tír. Is múinteoir é athair Mhalala agus tá sé féin faoi **bhagairt bháis** ag an Taliban os rud é go múineann sé cailíní agus gur **dhiúltaigh** sé an scoil a dhúnadh.

Is ait an mac an saol, gan dabht – daoine óga in Éirinn ag gearán mar go gcaithfidh siad dul ar scoil agus daoine óga i dtíortha eile ag agóid chun oideachas a fháil!

Más mian leat tuilleadh eolais a fháil faoin gcailín **cróga** seo nó teachtaireacht tacaíochta a chur chuici, logáil isteach ar www.amnesty.org.

Gluais

lámhaigh: shot	**bagairt bháis:** death threat
réim: reign	**dhiúltaigh:** refused
feachtas: campaign	**is ait an mac an saol:** life is strange
cearta oideachais: the right to education	**cróga:** brave

Ceist Foclóra

Cum abairtí leis na focail seo a leanas ón téacs agus scríobh amach i do chóipleabhar iad.

1. lámhaigh
2. dhiúltaigh
3. cróga
4. gortaíodh
5. faoi bhagairt bháis
6. ag gearán
7. is ait an mac an saol

Scoil Scairte – Hedge School

Sa seachtú haois déag in Éirinn bhí na **Péindlithe** i bhfeidhm agus ní raibh cead oideachais ag muintir na hÉireann. Ní raibh cead ag aon Chaitliceach múineadh nó scoil a **eagrú** in aon **fhoirgneamh**. Mar sin, thosaigh múinteoirí ag múineadh na bpáistí **faoi rún**, **taobh thiar de** chlaí nó i **scioból**.

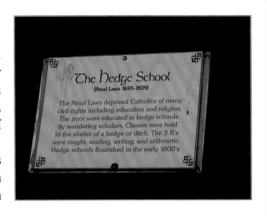

Múineadh Laidin, Gréigis, mata, léamh agus scríobh, agus iad ar fad trí Ghaeilge cé go raibh Rialtas Shasana ag iarraidh **fáil réidh leis** an teanga.

Bhíodh páiste amháin mar 'fhairtheoir' agus thug na tuistí im nó bia eile don mhúinteoir nuair nach raibh aon airgead acu.

Sa naoú haois déag tugadh cead do na daoine scoileanna a oscailt arís. Bhí ar dhaltaí píosa **móna** a thabhairt isteach don tine i rith laethanta fuara an gheimhridh. As sin a d'fhás an nath cainte 'I never carried the sod', a chiallaíonn 'ní dheachaigh mé ar scoil' nó 'ní bhfuair mé aon oideachas'.

Gluais

Péindlithe: Penal Laws	**taobh thiar de:** behind
eagrú: organise	**scioból:** barn
foirgneamh: building	**fáil réidh le:** get rid of
faoi rún: in secret	**fairtheoir:** 'look out'

Bí ag caint!

Plé ranga

Tóg nóiméad chun machnamh a dhéanamh ar an dá shliocht thuas. Ansin, déan obair beirte nó plé ranga orthu.

- Ar chuir aon rud sa dá shliocht ionadh nó brón ort?
- An bhfuil cosúlachtaí idir an dá thuairisc?
- Cén fáth, dar leat, an bhfuil Malala diongbháilte (determined) oideachas a fháil?
- Cén fáth, dar leat, an raibh muintir na hÉireann diongbháilte oideachas a fháil?

Greim ar Ghramadach

An tAlt (The Indefinite and Definite Articles)

In grammar, the **indefinite article 'a'** refers to an indefinite object, e.g. I saw **a man** breaking into the bank. The identity of the man is uncertain or 'indefinite'.

The **definite article 'the'** refers to a definite object, e.g. I saw **the man** who drove the getaway car (definite article singular)
or
I saw **the men** who shot the security guard (definite article plural).

Unlike English, there is **no indefinite article in Irish**:
I saw a man – chonaic mé fear

However, there are **two different forms of the definite article**:
an (definite article singular) and **na** (definite article plural)
I saw **the man** – chonaic mé **an fear**
I saw **the men** – chonaic mé **na fir**.

When we want to be even more specific we add the words 'seo' (this) or 'sin' (that): Chonaic mé **an buachaill seo** ag tógáil airgid – I saw **this boy** taking money.
Bhuaigh **an leabhar sin** duais – **That book** won a prize.

Tasc Gramadaí
Cuir Gaeilge ar na habairtí seo a leanas agus scríobh amach i do chóipleabhar. Bain úsáid as foclóir más gá.
1. I bought a car when I won the Lotto.
2. The boy ran across the road and the car hit him.
3. The students were reading the books when the alarm rang.
4. I saw that film last week.
5. The children started to cry when the dog died.
6. I heard a scream and I ran like the wind!
7. We bought a present on this website.
8. The Gardaí caught the thief because a woman called 999.
9. My parents bought this house when I was two years old.
10. The teacher took the students on a school trip to Paris.

 **Léigh é!**

Léigh an léirmheas seo a leanas go ciúin tú féin ar dtús. Ansin, bí réidh é a léamh os ard don rang agus déan na ceisteanna a leanann.

21 Jump Street

1. **D'fhreastail** Morton Schmidt (Jonah Hill) agus Greg Jenko (Channing Tatum) ar an meánscoil chéanna. Ba 'nerd' ramhar é Schmidt a bhí an-tógtha le Eminem, agus ba 'jock' é Jenko nach raibh mórán suime aige in obair scoile. Ní raibh siad ró-chairdiúil le chéile agus iad ar scoil ach buaileann siad le chéile arís nuair atá an bheirt acu ag obair sa **stáisiún póilíní** céanna, agus éiríonn siad mór le chéile.

2. Lá amháin tháinig siad ar **mhangaire drugaí** darbh ainm Domingo agus ghabh siad é, ach bhí ar Chaptaen Dickson (Ice Cube) é a scaoileadh saor arís mar ní raibh Jenko in ann **cuimhneamh** ar na focail chun a **chearta** a léamh dó.

3. Cuireadh ag obair **faoi cheilt** iad i meánscoil, áit a bhfuil drugaí ar díol. Tar éis tamaill faigheann siad amach gurb é Eric an dalta a dhíolann na drugaí ach nach an **soláthraí** é. Ceannaíonn siad drugaí ó Eric ach cuireann sé **brú** orthu iad a thógáil díreach ansin agus tarlaíonn rudaí an-ghreannmhara **dá bharr**. Ag deireadh an lae tosaíonn Schmidt agus Jenko ag troid lena chéile agus caitear amach as an scoil iad.

4. Cloiseann siad faoi **thrádáil dhrugaí** a bheidh 'ag dul síos' oíche an 'Prom'. **Baintear geit astu** nuair a fhaigheann siad amach gurb é an múinteoir corpoideachais, Mr Walters, an soláthraí drugaí. Leanann **fuadach, tóir charranna faoi luas** agus **troid ghunna**, ach sa deireadh beirtear ar na 'baddies' agus faigheann Schmidt agus Jenko a bpoist ar ais i Stáisiún Sráid Jump!

5. Is **scannán grinn** den scoth é *21 Jump Street*. Ainmníodh é do chúig dhuais ag na MTV Movie Awards agus bhuaigh sé an **gradam** don Scannán Grinn is Fearr sa chatagóir Teen Choice Awards. Bhain an **léirmheastóir** seo an-taitneamh as!

Gluais

d'fhreastail: attended	**trádáil dhrugaí:** drug deal
stáisiún póilíní: police station	**baintear geit as:** get a fright
mangaire drugaí: drug dealer	**fuadach:** kidnapping
cuimhneamh: remember	**tóir charranna:** car chase
cearta: rights	**faoi luas:** at speed
faoi cheilt: undercover	**troid ghunna:** gunfight
soláthraí: supplier	**scannán grinn:** comedy
brú: pressure	**gradam:** award
dá bharr: because of it	**léirmheastóir:** reviewer

Ceisteanna

1. Cén sórt scannáin é *21 Jump Street*?
2. Cá bhfuil an scannán suite?
3. Cé hiad na príomhcharachtair?
4. Cén sórt daoine iad Schmidt agus Jenko agus iad ar scoil?
5. Conas atá a fhios againn go raibh a lán aicsin (*action*) sa scannán?
6. Ar thaitin an scannán leis an léirmheastóir?

Tuít no téacs

Cuir tuít nó téacs (140 carachtar ar a mhéad) chuig do chara ag insint dó/di faoi *21 Jump Street* agus tabhair cuireadh dó/di dul leat chun an scannán a fheiceáil.

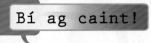

SNAG – Seachtain na Gaeilge i do Scoilse

Is seachtain speisialta í Seachtain na Gaeilge (3–17 Márta) a thugann seans dúinn ár dteanga agus ár gcultúr a cheiliúradh.

Cad a dhéanfaidh sibhse i bhur scoilse? Ag obair i ngrúpaí tosaigh ag pleanáil.

Seo roinnt smaointe chun tús a chur leis an obair. Go n-éirí libh agus bain taitneamh as imeachtaí na seachtaine!

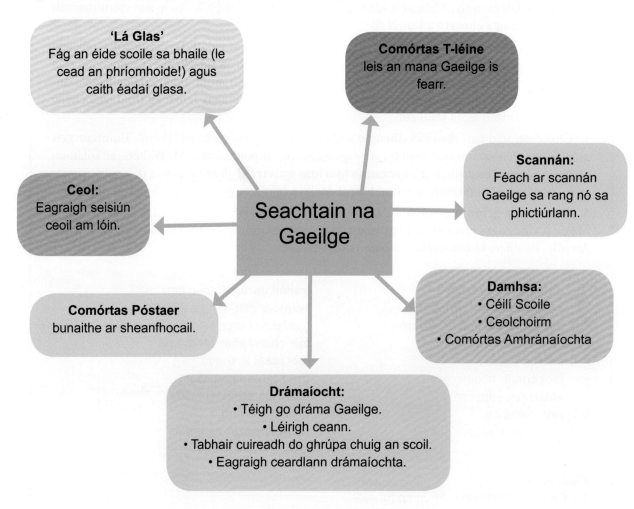

Féinmheasúnú
Cad atá foghlamtha agam?

Ceist 1: Tráth na gCeist
(a) Cé a scríobh an t-úrscéal *An bhfaca éinne agaibh Roy Keane?*
(b) Cad is ainm don phríomhcharachtar sa scéal?
(c) Cad is ainm don chomórtas d'fhiontraithe óga (*young entrepreneurs*) na hIdirbhliaina?
(d) Cad is ainm don dúshlán a dtugann Uachtarán na hÉireann tacaíocht dó?
(e) Ainmnigh tír amháin nach dtugann cearta oideachais do chailíní?
(f) Cathain a bhíodh na scoileanna scairte ar siúl in Éirinn? Cén fáth?
(g) Cad a múineadh iontu?
(h) Cad a chiallaíonn an frása, 'I never carried the sod'?
(i) Cathain a bhíonn Seachtain na Gaeilge ar siúl?
(j) Cén aidhm atá ag Seachtain na Gaeilge?

Ceist 2: An Idirbhliain
Scríobh óráid ghearr faoin Idirbhliain i do scoilse agus do thuairimí fúithi. Bí réidh í a chur i láthair don rang.

Ceist 3: Gramadach – An tAlt, Céimeanna Comparáide na nAidiachtaí
Cuir Gaeilge ar na habairtí seo a leanas:
(a) I have a smart phone (*fón glic*) and a laptop (*ríomhaire glúine*) at home.
(b) I have that CD. It is very good but this one is better.
(c) The man was driving too fast and a Garda stopped him.
(d) We went to the festival and took a tent (*puball*) with us.
(e) The film was good but the book was better.
(f) Ciara is nice but Jenny is nicer.
(g) History is difficult but physics (*fisic*) is more difficult.
(h) Maths is my least favourite subject.

Ceist 4: Foclóir
(a) Cuir Béarla ar na focail seo a leanas:
    Taighde; Mionchomhlacht; Dúshlán; Obair dheonach; Siceolaíocht.
(b) Cuir na focail seo a leanas in abairtí a léireoidh a mbrí agus a gceartúsáid:
    Drochiompar; Ar choinneáil; Cróga; Taisceadán; Inspioráid.

Lig do Scíth!

Bain taitneamh as eipeasód de *Aifric* ar TG4.

Cartúin Ghaeilge

Cuir leagan Gaeilge ar na cartúin seo thíos nó cum foscríbhinní (*captions*) nua as Gaeilge dóibh.

1

"I lost my homework on the cloud."

2

3

"If your cell phone has five hundred minutes, and you use one of them during this class, how long will you be in detention?"

4

"They never quit, do they?"

Caitheamh Aimsire
Gan cíos, cás ná cathú orm . . .

Clár

Réamhrá

Conas a ligeann tú do scíth nuair nach mbíonn tú ag obair? An maith leat éisteacht le ceol nó ceol a sheinm, féachaint ar an teilifís nó scannáin, spórt a imirt nó leabhar a léamh? Pé rud é, is maith an rud é do scíth a ligean. Mar a dúirt an drámadóir Meiriceánach, George Jean Nathan:

'A life spent in constant labour is a life wasted.'

Bí ag caint!

Suirbhé ranga

Féach ar na ceisteanna suirbhé thíos. Faigh daoine sa rang a bhfuil na caithimh aimsire sa liosta thíos acu. Scríobh na freagraí isteach i do chóipleabhar. Is féidir tú féin a chur san áireamh ach ní féidir an dalta céanna a úsáid faoi dhó.

Bí réidh do fhreagraí a léamh amach don rang. Beidh an bua ag an gcéad duine a chríochnaíonn an suirbhé. Go n-éirí leat!

> **Ceisteanna**
> An maith leat . . . ? An seinneann tú . . . ?
> An imríonn tú . . . ? An dtéann tú go dtí . . . ?
> An éisteann tú le . . . ? An léann tú leabhair . . . ?

1. **Duine a sheinneann uirlis ceoil**

   Holly, Sarah, Rebecca, Katie
   Cén uirlis: *Piona, guituar*
   Ainm:

2. **Duine a dhéanann spórt mar chaitheamh aimsire**

   Aoife, Niamh,
   Cén spórt: *football*
   Ainm:

3. **Duine a théann go dtí an phictiúrlann go minic**

   Cén sórt scannáin a thaitníonn leis/léi:
   Ainm:

4. **Duine a imríonn cluichí ríomhaire go minic**

   An cluiche is fearr leis/léi:
   Ainm:

5. **Duine a fhéachann ar an teilifís mar chaitheamh aimsire**

   An clár is fearr leis/léi:
   Ainm:

6. **Duine a léann leabhar mar chaitheamh aimsire**

   An sórt leabhar is fearr leis/léi
   Ainm:

7. **Duine a théann chuig drámaí go minic**

   Cén sórt drámaí a thaitníonn leis/léi?
   Ainm:

8. Duine a éisteann le ceol mar chaitheamh aimsire

Cén sórt ceoil?
Ainm:
9. Duine a scríobhann scéalta/ceol/filíocht mar chaitheamh aimsire

Cén sórt saothair?
Ainm:
10. Duine a ghlacann páirt i ndrámaí mar chaitheamh aimsire

Cá háit?
Ainm:

Bí ag caint!

'Ar bharr mo theanga' . . . 10 soicind ar an ábhar 'Ceol'

Cé mhéad seánra *(genre)* ceoil an féidir leat a ainmniú taobh istigh de dheich soicind?
Féach ar na focail thíos. Ansin dún do shúile agus ar aghaidh leat!

Ceol Clasaiceach

Rac-cheol

Ceol Tí/Damhsa

Ceol Tíre

Ceol Traidisiúnta

Snagcheol

Miotal Trom

Reggae

Rithim agus Gorma

Ceol Indie

Popcheol

Ceol Leictreonach

Hip-Hop

Rap-cheol

Popcheol Laidine

Éist go géar

Ceachtanna Cluastuisceana – Ceol

Éist go géar leis na píosaí ceoil ar an bpodchraoladh
agus freagair na ceisteanna seo a leanas i do chóipleabhar.

Píosa 1

1. Cén sórt ceoil a bhí á sheinm?
2. Cad as a dtagann sé?
3. Cén t-amhránaí cáiliúil atá ag canadh?

Traic 42

Píosa 2

1. Cén sórt ceoil é seo?
2. Cén grúpa atá ag seinm?
3. Cad is ainm don phríomh-amhránaí?

Traic 43

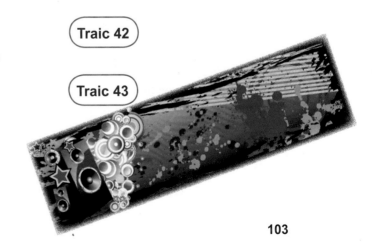

Píosa 3

1. Cad as don racghrúpa nua Tonight We Live?
2. Cén gradam atá buaite acu?
3. Conas is féidir ceol an ghrúpa a íoslódáil?

Traic 44

Píosa 4

1. Cé dó a bhfuil Tara ag iarraidh an píosa ceoil seo?
2. Cén fáth?
3. Cén sórt ceoil a thaitníonn le cara Tara?

Traic 45

Píosa 5

1. Cathain a thosóidh Camchuairt Idirnáisiúnta The Script?
2. Ainmnigh dhá chathair ina mbeidh siad ag seinm.
3. Cé mhéad atá ar na ticéid?

Traic 46

Píosa 6

1. Cad is ainm don fhéile a luaitear?
2. Cén sórt ceoil a bheidh le cloisteáil ann?
3. Ainmnigh dhá ghrúpa/amhránaí a bheidh ann.

Traic 47

Léigh é!

Tóg nóiméad chun an sliocht thíos a léamh go ciúin tú féin ar dtús. Ansin, bí réidh é a léamh os ard don rang. Freagair na ceisteanna a leanann.

An Dioscó Ciúin

1. Is ait an **radharc** é ach is freagra do **ghuíonna** thuistí na tíre í . . . dioscó ciúin!

2. Is **feiniméan** é an dioscó ciúin ina mbíonn daoine ag damhsa do cheol atá á chloisteáil acu ar **chluasáin**. Ní úsáidtear aon **chóras fuaime poiblí** agus bíonn cuma air go bhfuil daoine ag damhsa gan aon chúis, gan aon cheol! **De ghnáth** bíonn **rogha** idir bheirt DJ agus, mar sin, bíonn roinnt daoine ag damhsa go tapa, fiáin agus b'fhéidir daoine eile ag damhsa **go mall réidh**.

3. Creid nó ná creid cuireadh tús leis an bhfeiniméan i dtosach chun **deis** a thabhairt do dhaoine leanúint ar aghaidh ag damhsa go déanach san oíche ag féilte agus ócáidí ceoil gan **teacht salach ar** 'noise curfews'. Anois, tá an dioscó ciúin le feiceáil ar fud an domhain. Cuirtear ar siúl do pháistí óga iad **chomh maith le** daoine fásta, ag féilte ceoil, ag **ócáidí corparáideacha**, agus fiú ag **bainisí**!

4. Is **forbairt** ar an dioscó ciúin é an 'club soghluaiste' nó 'mobile clubbing', nuair a thagann daoine le chéile chun damhsa – de ghnáth in áit mhór phoiblí – agus iad ag éisteacht lena rogha ceoil féin ar a MP3. **Scaiptear** an scéal trí ríomhphost nó ar Facebook, agus is minic a thagann na céadta duine le chéile – ábhar iontais don duine a shiúlann thart ar a bhealach ar scoil nó go dtí an siopa!

5. **'Is ait an mac an saol'**, mar a deir an **seanfhocal**, ach is léir gur cuid den saol é anois an Dioscó Ciúin mar go bhfuil sé ar fáil san Oxford Dictionary Online!

Ceisteanna
1. Cad atá ait *(strange)* faoi dhioscó ciúin?
2. Cá mbíonn an ceol le cloisteáil ag na damhsóirí?
3. Cén fáth ar cuireadh tús leis an bhfeiniméan i dtosach?
4. Ainmnigh dhá áit ina gcuirtear dioscó ciúin ar siúl.
5. Cad a tharlaíonn ag 'club soghluaiste'?
6. Conas mar a scaiptear an scéal faoin 'gclub soghluaiste'?

Gluais
radharc: sight
guíonna: prayers
feiniméan: phenomenon
cluasáin: earphones
córas fuaime poiblí: public sound system
de ghnáth: usually
rogha: choice
go mall réidh: slowly
deis: opportunity/chance
teacht salach ar: to conflict with
chomh maith le: as well as
ócáidí corparáideacha: corporate occasions
bainis: wedding
forbairt: development
scaiptear: is spread
is ait an mac an saol: life is strange
seanfhocal: proverb

Bí ag caint!

Ag obair leis an dalta in aice leat, cuirigí na ceisteanna seo ar a chéile:

- An raibh tú riamh ag dioscó ciúin?
- Ar bhain tú taitneamh as?
- Muna raibh *(if you were not)*, ar mhaith leat dul ann?
- An maith leat ceol?
- Cén sórt?
- Cad é an grúpa ceoil nó an t-amhránaí is fearr leat? Cén fáth?
- An bhfuil a lán dlúthdhioscaí den ghrúpa ceoil/amhránaí sin agat sa bhaile nó conas a éisteann tú leis an gceol?
- An raibh tú riamh ag ceolchoirm? Inis faoi.

Tasc scríofa

A. Scéal
Ceap scéal a mbeadh na habairtí seo a leanas oiriúnach mar thús leis:

'Dioscó ciúin a bhí ann. Ní raibh fuaim ar bith le cloisteáil sa halla. Ansin phléasc beirt gharda isteach an doras . . .'

B. Cód na gceoltóirí

Bris an cód thíos chun ainmneacha ceoltóirí is bannaí a nochtadh. Tá an méid litreacha atá sna freagraí idir lúibíní. Is féidir foclóir a úsáid chun cabhrú leat. Scríobh na freagraí amach i do chóipleabhar. Tá cúig nóiméad agat. Go n-éirí leat!

Nod:	*Tosaigh leis an bpíosa is simplí den leid.*
Sampla:	**Tusa a dó (2)** A dó = 2, Tusa = You **Freagra** = U̲ 2

Bean, As a meabhair (4, 4)

        Bean   =   Woman / Lady

    As a meabhair   =   Mad / loopy / gaga

        Freagra   =   L̲A̲D̲Y̲ G̲A̲G̲A̲

1. Liam, Tá Mé (4, 1, 2)
2. Treo Amháin (3, 9)
3. Amy Teach Fíona (3, 9)
4. An Dochtúir Dre (2, 3)
5. Cóir-isteach, Adhmad-loch (6, 10)
6. Táilliúir Tapa (6, 5)
7. 'Yes'-Eochair-RA (6)
8. Na Ciaróga (3, 7)
9. Na Clocha ag Rolladh (3, 7, 6)
10. Criostóir Donn (5, 5)
11. Imirt Fhuar (8)
12. An tOllamh Glas (9, 5)
13. Na Stríocaí Bána (5, 7)
14. Mearbhall, Rógaire (6, 6)
15. Na Doirse (3, 5)
16. Dhá Dhoras Club na Pictiúrlainne (3, 4, 6, 4)
17. Tempa Bídeach (4, 5)
18. Píobairí Cillí An-Te (3, 3, 6, 7)
19. Patról Sneachta (4, 6)
20. Ceann Raidió (9)

Sraith pictiúr: Duais cheolmhar

Ag obair leis an dalta in aice leat, déan cur síos i nGaeilge ar gach pictiúr thíos. (Tá bosca foclóra faoina mbun chun cabhrú leat.) Ansin, freagraígí na ceisteanna a leanann.

Bosca Foclóra

ag staidéar	studying
fógraíonn an DJ	the DJ announces
seolann sí téacs	she sends a text
tugann sí cuireadh do	she invites
tá sceitimíní orthu	they are excited
buaileann siad le	they meet
taobh thiar den stáitse	backstage

Pictiúr 1
- Cad atá á dhéanamh ag Éilis sa phictiúr seo?
- Cad atá ar siúl sa chúlra (background)?
- Conas atá a fhios againn go dtaitníonn an banna ceoil The Script léi?
- Cad a fhógraíonn an DJ?

Pictiúr 2
- Cad atá á dhéanamh ag an gcailín anois?
- Cad é freagra an chomórtais, dar léi.

Pictiúr 3
- An raibh an freagra ceart ag an gcailín? Conas atá a fhios agat?
- Cad a bhuaigh sí?
- Cén chuma atá ar Éilis anois?

Pictiúr 4
- Cad a dhéanann Éilis?
- Cad a deir sí ar an téacs?
- Cá mbeidh an cheolchoirm ar siúl?

Pictiúr 5
- Cá bhfuil na cailíní anois?
- Cad atá á gceannach acu?
- An bhfuil slua mór ag an gceolchoirm?
- An bhfuil na cailíní ag baint taitnimh as, an dóigh leat?

Pictiúr 6
- Cén t-am anois é?
- Cá bhfuil na cailíní anois, an dóigh leat?
- Cé leo a bhfuil siad ag caint anois?
- Cad atá á dhéanamh ag na ceoltóirí?
- An dóigh leat gur bhain siad taitneamh as an turas?

 **Tasc scríofa**

Ríomhphost

Is tusa Éilis ón tsraith pictiúr thuas. Tá cara leat, Ben, imithe go dtí An Astráil ar imirce lena chlann. Fanann tú i dteagmháil leis ar an idirlíon.

Seol ríomhphost chuige ag insint dó faoin turas go dtí Londain agus faoin gceolchoirm. (Féach siar ar an Aimsir Chaite, más mian leat, i gCaibidil 2.)

Ar líne

Abair amhrán dom!
An bhfuil suim agat in amhráin Ghaeilge nó ar mhaith leat amhrán Gaeilge amháin a bheith ar eolas agat do chóisirí?

- Téigh ar **www.gaelchultúr.com**.
- Gliogáil ar 'Nuachtlitir' ar bharr an leathanaigh.
- Scrollaigh síos go '**Amhrán na Míosa**'. Tá na liricí i nGaeilge agus i mBéarla ann duit agus beidh tú ábalta éisteacht leis an amhrán freisin.
- Beidh amhrán nua ar fáil gach mí.

Tasc scríofa

Déan taighde ar do rogha CEANN AMHÁIN díobh seo a leanas agus scríobh cuntas gearr nó déan powerpoint le cur i láthair don rang.

- ☐ Amhránaí nó grúpa ceoil an lae inniu a chanann i nGaeilge (mar shampla The Coronas)
- ☐ Amhránaíocht ar an sean-nós
- ☐ Oireachtas na Gaeilge
- ☐ Fleádh Cheoil na hÉireann

Ar líne

Seiceáil amach

- NPAS (National Performing Arts School) Cúrsa Samhraidh Amharclannaíochta don Aos Óg (**www.npas.ie**)
- Logáil isteach ar **www.rrr.ie** agus iarr amhrán nó fág teachtaireacht.

Greim ar Ghramadach

In ainm an 'fhada'!

Are you one of those students who never quite knows where the fada should go in a word, so you just let it float over a few different letters and hope it will land on the right one or that the teacher will give you the benefit of the doubt? If so, read on. Once you know the purpose of the fada it is much easier to get it right.

'Fada' is short for 'síneadh fada' which means 'a long stretch'. It only ever goes on vowels (as these are the letters which make the sounds in a word) and it stretches out their sound. Here is what happens when a fada is put on the vowels

a (short vowel sound, as in 'tar isteach')   **á** (long vowel sound, as in 'tá')

e (short vowel sound, as in 'peil')   **é** (long vowel sound, as in 'mé')

i	(short vowel sound, as in 'ith')	**í**	(long vowel sound, as in 'sí')
o	(short vowel sound, as in 'oscail')	**ó**	(long vowel sound, as in 'póg')
u	short vowel sound, as in 'ubh')	**ú**	(long vowel sound, as in 'tú')

The 'fada' is an important part of the Irish language as it can change not only the sound of the word but also its meaning. Look at the following examples:

fear (man)	–	f**é**ar (grass)
ait (strange)	–	**á**it (a place)
mala (eyebrow)	–	m**á**la (bag)
te (hot)	–	t**é** (duine, a person) (tae – tea)
solas (light)	–	s**ó**l**á**s (comfort)
seo (this)	–	se**ó** (a show)
paiste (patch)	–	p**á**iste (a child)

Tasc Gramadaí

A. Cuir Béarla ar na habairtí seo a leanas:

1. (a) D'ith an bhó an **fear**.
   (b) D'ith an bhó an **féar**.
2. (a) Tá **malaí** móra ag an múinteoir.
   (b) Tá **málaí** móra ag an múinteoir.
3. (a) Thug mo chara **solas** dom nuair a fuair mo mhadra bás.
   (b) Thug mo chara **sólás** dom nuair a fuair mo mhadra bás.
4. (a) Tá **paiste** nua ag Seán.
   (b) Tá **páiste** nua ag Seán.

B. Athscríobh na habairtí seo a leanas i do chóipleabhar, ag cur isteach na síntí fada sna háiteanna cearta.

1. Chaill me dha chead euro areir!
2. Beidh mo Mham agus mo Dhaid ag dul ar saoire amarach agus beidh coisir mhor agam sa teach!
3. Theip ar Phol sa scrudu agus ta an-bhron air.
4. Chonaic na paisti an scannan sin inne – chuir se eagla an domhain orthu.
5. Nior chodail me go maith areir agus ta an-tuirse orm.

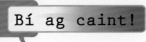

Comórtas na Síntí Fada!

Scríobh síos deich bhfocal le síntí fada (is féidir foclóir nó téacsleabhar a úsáid, nó dul ar www.focal.ie nó www.irishdictionary.ie).

Ansin glaoigh amach na focail don dalta in aice leat. Caithfidh sé/sí a rá cá bhfuil an síneadh fada san fhocal agus cá háit.

Sampla	**Milseán**	
	Tá fada ar an 'a'	✔
	Tá fada ar an 'i' agus ar an 'a'	✗

Tabhair pointe do gach freagra ceart. Cé a bhuaigh?

Tóg nóiméad chun an sliocht thíos a léamh go ciúin tú féin ar dtús. Ansin, bí
réidh é a léamh os ard don rang. Freagair na ceisteanna a leanann.

The Hunger Games

1. Gach seans go bhfuil níos mó eolais ag na daoine óga atá ag léamh an
ailt seo ná an duine a scríobh é mar is tríológ de leabhair **eachtraíochta** *The
Hunger Games* a tháinig sa dara háit sa 'Top 100 Teen Novels', díreach tar éis an leabhar is
cáiliúla ar domhan, *Harry Potter*!

2. Is tríológ de leabhair eachtraíochta iad, *The Hunger Games*, *Catching Fire* agus *Mockingjay*, atá
suite sa **todhchaí** i náisiún **ollsmachtach** darb ainm Panem. Is áit an-saibhir í an phríomhchathair,
Capitol ach tá an dá 'cheantar' déag eile an-bhocht, go mór mhór Ceantar 12 ina gcónaíonn an
príomhcharachtar, Katniss Everdeen. Tá Ceantar 12 chomh bocht sin go bhfaigheann daoine bás
den ocras go minic.

3. Mar **dhíoltas** ar **réabhlóid** in aghaidh Capitol na céadta bliain roimhe sin, **eagraítear** 'Hunger
Games' gach bliain sa phríomhchathair ina dtroideann beirt déagóirí idir 12 bhliain agus 18
mbliana – buachaill agus cailín – ó gach ceantar in aghaidh a chéile go dtí go bhfaigheann duine
amháin bás. Faigheann an ceantar as a dtagann an **buaiteoir flúirse** bia mar dhuais. Is í **aidhm**
na Hunger Games ná **siamsaíocht** a chur ar fáil do Chapitol agus **rabhadh** a thabhairt do na
ceantair eile faoi **chumhacht** Chapitol agus faoina **heaspa bá**.

4. **Is iomaí casadh** atá sna scéalta iontacha seo atá lán d'aicsean, de **mhothúcháin**, agus eile. Bhí
an chéad dá leabhar ar an *New York Times Best Sellers* agus chuaigh an tríú leabhar *Mockingjay*
go barr gach liosta de US bestseller nuair a eisíodh é. Faoin am ar tháinig an scannán amach bhí
50 milliún cóip i gcló. **Gaisce** don údar, Suzanne Collins, agus **molann** an **léirmheastóir** seo
iad do gach déagóir.

Gluais

alt: article (of reading)	**siamsaíocht:** entertainment
eachtraíocht: adventure	**rabhadh:** warning
todhchaí: future	**cumhacht:** power
ollsmachtach: totalitarian	**easpa bá:** lack of pity
díoltas: revenge	**is iomaí:** many
réabhlóid: revolution	**casadh:** twist
eagraítear: is organised	**mothúcháin:** feelings
buaiteoir: winner	**gaisce:** a great achievement
flúirse: plenty	**molann:** recommend/praise
aidhm: aim	**léirmheastóir:** reviewer

Ceist Foclóra
Athscríobh na habairtí seo a leanas i do chóipleabhar ag líonadh na mbearnaí leis na focail
oiriúnacha ón alt thuas.
1. Tá mo mhúinteoir mata an-chrosta. Ceapann sí gur stát _____ é an seomra ranga.
2. Ba mhaith liom a bheith i mo phíolóta sa _____.
3. Baineann an Mafia _____ amach ar aon duine a théann ina gcoinne.
4. Bhí mé ag caint sa rang agus thug an múinteoir _____ dom stopadh ach lean mé ar aghaidh agus chuir sí ar choinneáil mé!
5. _____ an bhean sin a páistí fiú nuair a bhíonn siad dána.
6. Is scannáin _____ cháiliúla iad na scannáin Bond.
7. Thug an _____ sin 9 as 10 don scannán.

Bí ag caint!

Ag obair leis an dalta in aice leat, cuirigí na ceisteanna seo ar a chéile. Bí réidh do thuairimí a chur in iúl don rang.

☐ Ar léigh tú aon cheann den tríológ *The Hunger Games?*

☐ Má léigh, cad a cheap tú faoi? An raibh sé go maith, suimiúil, leadránach, dea-scríofa *(well written)*?

☐ An maith leat leabhair eachtraíochta nó an fearr leat *genre* eile?

☐ Ar léigh tú *Harry Potter*? Cén leabhar sa tsraith?

☐ Ar bhain tú taitneamh as?

☐ An bhfaca tú na scannáin? Ar thaitin siad leat? Cén fáth?

☐ Cé acu is fearr, dar leat, na leabhair nó na scannáin? Cén fáth?

Tasc scríofa

Léirmheas

Scríobh léirmheas gearr (leathleathanach nó mar sin) ar aon leabhar atá léite agat. (Féach siar ar an alt thuas agus ar an mbosca Aidiachtaí i gCaibidil 2 chun cabhrú leat.)

Ná déan dearmad ar na rudaí seo a leanas:

- Teideal an leabhair
- Ainm an údair
- Cén sórt leabhair é?
- Cá bhfuil sé suite?
- Achoimre *(summary)* ghearr ar an scéal
- An príomhcharachtar
- Ar thaitin sé leat? Cén fáth?

Bosca Foclóra		
	leabhar ficsin	fiction
	leabhar ficsin-eolaíochta	science fiction
	leabhar eachtraíochta	adventure book
	úrscéal rómánsúil	romantic novel
	fíorscéal	true story
	aicsean	action
	foréigean	violence
	rómánsaíocht	romance

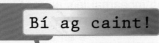

Bí ag caint!

Na scannáin is fearr liom

A. Ag obair leis an dalta in aice leat, cuirigí na ceisteanna seo a leanas ar a chéile. Bí réidh do thuairimí a chur in iúl don rang.

☐ An bhfuil suim agat i scannáin? Cén sórt scannán? (Féach an bosca thuas faoi seánraí *(genres)* leabhar.)

☐ An dtéann tú go dtí an phictiúrlann go minic nó an bhféachann tú ar scannáin ar do ríomhaire?

☐ An bhfuil Netflix nó LoveFilm ag do thuistí sa bhaile?

☐ Cé hé/hí an t-aisteoir is fearr leat? Cén fáth?

B. Anois, léigh na línte cáiliúla seo a leanas a thagann as deich mór-scannán le fáil amach an 'film buff' i ndáiríre tú! Scríobh teidil na scannán amach i do chóipleabhar.

1. Go raibh an fórsa leat.
2. Is mise Rí an Domhain!
3. _____, glaoigh abhaile.
4. Beidh mé ar ais!
5. Tá an saol cosúil le bosca seacláide. Ní bhíonn a fhios agat riamh cad a gheobhaidh tú.
6. Cén fáth an gcaoineann sé, a Sméagol?
7. Croite, ní suaite.
8. Ó, a Aintín M, níl aon tinteán mar do thinteán féin!
9. Lean ar aghaidh, a chladhaire, déan mo lá.
10. Tabharfaidh mé tairiscint dó nach féidir leis a dhiúltú.

> Freagraí ar fáil ag Teachers' Resources ar www.mentorbooks.ie

Ar líne

Más mian leat tuilleadh línte a chloisteáil agus giotaí ó na scannáin féin a fheiceáil:

- Logáil ar **www.abairleat.com**.
- Cuir 'línte cáiliúla ó na scannáin' isteach sa bhosca cuardaigh.
- Gliogáil ar an bpictiúr nó ar na focail ar an gcéad leathanach eile.

Bain taitneamh astu!

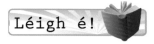
Léigh é!

Tóg nóiméad chun an sliocht thíos a léamh go ciúin tú féin ar dtús. Ansin, bí réidh é a léamh os ard don rang. Freagair na ceisteanna a leanann.

'Ní hobair í ach paisean!'

1. Sin a dúirt Saoirse Ronan nuair a cuireadh ceist uirthi faoina gairm mar aisteoir. Cé gurb Éireannaigh a tuismitheoirí, rugadh Saoirse i Nua Eabhrac ar an 12 Aibreán 1994. Is aisteoir proifisiúnta a Daid a raibh rólanna aige sna scannáin *Veronica Guerin* agus *The Devil's Own* le Brad Pitt.

2. Saoirse Úna Ronan a hainm iomlán, agus míníonn sí do dhaoine go gciallaíonn Saoirse 'freedom' agus Ronan 'little seal'. Nuair a bhí sí trí bliana d'aois bhog a tuismitheoirí go hÉirinn agus tá siad ina gcónaí i gCeatharlach ó shin. Bhí a céad ról ag Saoirse sa tsraith teilifíse *The Clinic* ar RTÉ nuair a bhí sí naoi mbliana d'aois. Ba í a páirt sa scannán *Atonement*, áfach, a **tharraing** clú agus cáil uirthi. Ainmníodh í do ghradaim BAFTA, Golden Globe agus Oscar as a ról sa scannán, an seachtú duine is óige riamh a ainmníodh do ghradam Oscar.

3. Lean na scannáin *City of Ember*, *The Lovely Bones*, *The Way Back* agus *Hanna*, chomh maith le **tuilleadh** ainmniúchán agus gradam. Dúirt *TIME Magazine* le déanaí gurbh é a ról sa scannán

The Lovely Bones an tríú **léiriú** ab fhearr le banaisteoir riamh, taobh thiar de Mo'Nique agus Carey Mulligan ach chun tosaigh ar an aisteoir iontach, Meryl Streep!

4. Is iad na leabhair is fearr le Saoirse ná *City of Ember* agus *The Secret of Platform 13*. Deir sí go dtaitníonn leabhair léi ina bhfuil casadh sa scéal, agus leabhair a chuireann **ag machnamh** tú cosúil le *Atonement* le Ian McEwan.

5. Caitheann Saoirse a lán ama **thar lear** agus í ag déanamh scannán. An rud is mó a **bhraitheann sí uaithi** agus í as baile? A madra, Sassy!

Gluais		
tharraing: drew		**ag machnamh:** thinking/reflecting
tuilleadh: more		**thar lear:** abroad
léiriú: performance		**braitheann sí uaithi:** she misses

Ceisteanna

1. (a) Cathain a rugadh Saoirse agus cén áit?
    (b) Cad a chiallaíonn a hainm is a sloinne?
2. (a) Cén tslí bheatha atá ag a hathair?
    (b) Ainmnigh an t-aisteoir cáiliúil a d'oibrigh leis sa scannán *The Devil's Own*.
3. (a) Cén aois do Shaoirse nuair a fuair sí a céad ról?
    (b) Cad is teideal don scannán as a ainmníodh Saoirse do thrí ghradam?
4. Cén t-alt sa sliocht thuas a dtagraíonn an abairt seo a leanas dó?
    'Is aisteoir iontach í Saoirse.'
5. Cén t-alt sa sliocht thuas a dtagraíonn an abairt seo a leanas dó?
    'Caitheann Saoirse a lán ama ag taisteal ar fud an domhain dá post.'

Ar líne

Seiceáil amach
- PONC@NAMOVIES don nuacht is déanaí faoi na scannáin ar TG4.
- Cúrsa Scannánaíochta Ghael Linn (**www.gael-linn.ie**).
- Cúrsa Cumarsáide Ghael Linn (scileanna craoltóireachta is scannánaíochta).

Léigh é!

Tóg nóiméad chun an sliocht thíos a léamh go ciúin tú féin ar dtús. Ansin, bí réidh é a léamh os ard don rang. Freagair na ceisteanna a leanann:

'Gaeilge, Jim, ach ní mar a chonaic tú riamh í!'

1. 'It's Gaeilge, Jim, but not as we know it!' Sin a déarfadh an Captaen Kirk ó Star Trek Enterprise dá mbeadh sé i láthair ag dráma de chuid Fíbín, an comhlacht drámaíochta is puipéadóireachta Gaeilge!

2. **Bunaíodh** Fíbín sa bhliain 2003 agus **ó shin i leith** tá sé dhráma déag **den scoth** léirithe acu do bhreis is 300,000 duine ar fud na hÉireann, san Eoraip, i Meiriceá agus, creid nó ná creid, san Afraic!

3. Bhain níos mó ná 100,000 duine taitneamh as Fíbín ag an O2 In The Park, ag Electric Picnic agus féilte eile timpeall na hÉireann, agus sa bhliain 2012 ghlac siad páirt sa Toronto Fringe Festival agus Culture Night i Lováin sa Bheilg.

4. Baineann Fíbín úsáid as puipéid (d'fhoghlaim siad cuid dá scileanna ón phuipéadóir cáiliúil, Jim Henson, a rinne na Muppets), mascanna, ceol agus **amadaíocht dochreidte** le **léiriú** gur féidir an Ghaeilge a thuiscint agus taitneamh a bhaint aisti, fiú daoine ar bheagán Gaeilge! Sa bhliain 2012 léirigh Fíbín dráma dar teideal *Saint* le beirt aisteoirí nach raibh aon Ghaeilge acu (ba Shasanach duine amháin acu!) nuair a thosaigh siad ag cleachtadh dhá sheachtain roimh ré. D'éirigh leo agus d'éirigh go hiontach leis an seó.

5. Anois, tá an comhlacht **ildánach ag díriú** ar a scileanna a mhúineadh don chéad **ghlúin** eile le Sárscoil Dhrámaíochta Fíbín. Faigheann na daoine óga taithí **fhíorluachmhar** ag **ceardlanna** le múinteoirí ar nós Paul Mercier (Stiúrthóir na sraithe *Aifric* ar TG4) le linn an chúrsa. Beidh seans ag daoine óga idir 12 bhliain agus 18 mbliana **feabhas** a chur ar a gcuid scileanna aisteoireachta agus taitneamh a bhaint astu, de réir Cian Ó Ríordáin a d'fhreastail ar an gcúrsa. 'Bhí na múinteoirí an-deas agus cabhrach linn, rinneamar a lán cairde, agus tríd is tríd d'fhoghlaim mé a lán mar gheall ar ghnó na haisteoireachta. Bhaineamar go léir an-taitneamh as agus beidh dea-chuimhní agam go deo ar an turas seo.'

Gluais

bunaíodh: founded	**ildánach:** versatile
ó shin i leith: since then	**ag díriú:** focusing
den scoth: excellent	**glúin:** generation
amadaíocht: foolishness/idiocy	**fíorluachmhar:** invaluable
dochreidte: incredible	**ceardlanna:** workshops
léiriú: to make clear/show	

Bí ag caint!

Cad í an cheist?

Ag obair leis an dalta in aice leat, cuir Gaeilge ar na ceisteanna seo a leanas agus cuirigí ar a chéile iad. Bí réidh do thuairimí a chur in iúl don rang.

1. Are you interested in drama? Why?
2. Were you in a play ever *(riamh)*? In school, in a drama club?
3. Do you go to plays often?
4. Is there a drama club in your school?
5. Did you ever hear about Fíbín?
6. Were you ever at a Fíbín play?
7. Did you enjoy it? Why?

Tasc scríofa

Logáil isteach ar www.fibin.com agus faigh amach an t-eolas seo a leanas. Scríobh na sonraí *(details)* isteach i do chóipleabhar.

1. Trí dhráma atá léirithe acu cheana féin *(already)*.
2. Cén dráma atá ag dul ar chamchuairt *(tour)* i mbliana?
3. Duais *(prize)* amháin atá buaite acu.
4. Uimhir theileafóin an chomhlachta.
5. Seoladh ríomhphoist an chomhlachta.
6. Eolas faoi Sárscoil Dhrámaíochta Fíbín (5 líne nó mar sin de).

Céard faoi chuireadh a thabhairt do Fíbín cuairt a thabhairt ar do scoil i rith Sheachtain na Gaeilge nó freastal ar dhráma leo in amharclann?

Féinmheasúnú
Cad atá foghlamtha agam?

Ceist 1: Tráth na gCeist

(a) Cad í an Ghaeilge ar
(i) jazz (ii) electronic music (iii) house music?

(b) Ainmnigh amhránaí cáiliúil amháin a chanann amhráin i nGaeilge

(c) Cén sórt leabhar iad an tríológ *The Hunger Games*?

(d) Cad é Fíbín?

(e) Ainmnigh dhá rud a úsáideann Fíbín chun an Ghaeilge a dhéanamh éasca agus taitneamhach do dhaoine nach bhfuil a lán Gaeilge acu.

(f) Cathain a bhíonn Sárscoil Dhrámaíochta Fíbín ar siúl agus cén aois-ghrúpa atá i gceist?

(g) Ainmnigh Éireannach óg atá ina haisteoir cumasach agus cáiliúil.

(h) Cad is ainm don chlár ar TG4 a thugann an nuacht is déanaí faoi na scannáin?

(i) Cathain a bhíonn sé ar siúl?

(j) Ainmnigh cúrsa amháin scannánaíochta do dhaoine óga a bhfuil suim acu sa scannánaíocht.

Ceist 2: Mo Chaitheamh Aimsire

Scríobh óráid ghearr faoi do chaitheamh aimsire. Cuir i láthair don rang í.

Ceist 3: Gramadach – An síneadh fada

Athscríobh an giota thíos ag cur isteach na síntí fada (25 cinn) atá fágtha ar lár:

Leim me le hathas nuair a chonaic me na huimhreacha ar an teilifis. Bhuaigh me an Lotto! Rith me ar nos na gaoithe go dti an teileafon agus ghlaoigh me ar mo thuismitheoiri a bhi ag obair. Nior chreid siad me ar dtus, ach, ansin thosaigh siad ag gaire agus ag beicil. B'shin tus le saol nua duinn ar fad. Ni dheanfaidh me dearmad go deo ar an la sin!

117

Lig do Scíth!

Bain taitneamh as na himeachtaí thíos.

1. Logáil isteach ar www.tglurgan.com agus éist le pop-amhráin mhóra an lae inniu trí Ghaeilge fad is atá tú ag féachaint ar na bunfhíseáin: Idir eile tá:

Freagraí ar fáil ag Teachers' Resources ar www.mentorbooks.ie

☐ The Wanted
☐ The Script
☐ Katy Perry
☐ Adele
☐ Shakira

2. An aithníonn tú do liricí rap? Meaitseáil na liricí thíos leis an leagan Gaeilge.

1. 'Got so many chips, I swear they call me Hewlett-Packhard.' Lil Wayne	Tá do theach an-bheag.	A.	
2. 'It ain't my birthday but I got my name on the cake.' Birdman, Lil Wayne	Uair amháin ní raibh aon ghluaisteán agam agus bhí orm siúl gach áit.	B.	
3. 'Elevator to the top. Ha, see ya later.' Big Punisher	Tá mé an-saibhir.	C.	
4. 'You goin' be that next chump to end up in the trunk.' 50 Cent	Bím ag obair go dian gach lá.	D.	
5. 'I used to have to get my stroll on.' Dr. Dre	Tá mise ag dul ar aghaidh sa saol. Níl tusa. Slán.	E.	
6. 'I got rubber band banks in my pocket.' T.I.	Tá na Gardaí ag iarraidh drugaí a fháil i mo charr.	F.	
7. 'Grindin daily to stack my break.' Paul Wall	Ní duine neirbhíseach mé.	G.	
8. 'Never known as a sweater.' McHammer	Beidh tú marbh go luath.	H.	
9. 'You live in a doll house.' Akon	Tá a lán airgid agam.	I.	
10. 'Tryin' to catch me ridin' dirty.' Chamillionaire	Tá an saol go hiontach!	J.	

Saol na hOibre

'Aimsigh post a thaitníonn leat agus beidh.
cúig lá sa bhreis agat gach seachtain.'
H. Jackson Browne

Clár

Slite Beatha

'Roghnaigh post gur breá leat, agus ní bheidh ort obair a dhéanamh go deo i do shaol.'
Confucius

Céard ba mhaith leat a dhéanamh le do shaol tar éis na scoile? An bhfuil aon **tuairim** agat **go fóill**? B'fhéidir gur mhaith leat an domhan a **thaisteal**? Is dócha go mbeidh tú ag iarraidh teach a cheannach lá éigin, beidh ort billí a íoc, agus caithfidh tú ithe. Bhuel, muna mbuann tú an Lotto nó muna bhfuil milliúnaithe mar thuismitheoirí agat, beidh jab **de shaghas éigin** ag teastáil uait! Ach ní gá an post a bheith leadránach . . . léigh an t-alt thíos faoi na poist is suimiúla, is mó pá, is aite agus is dáinséaraí ar domhan!

> **Gluais**
> **tuairim:** idea
> **go fóill:** yet
> **taisteal:** travel
> **de shaghas éigin:** of some kind

Léigh é!

Tóg nóiméad chun an sliocht seo a léamh go ciúin tú féin. Bí réidh é a léamh os ard don rang. Ansin déan na ceisteanna a leanann.

Fear repo eitleán ag teastáil . . . $900k !

1. Don chuid is mó dúinn nuair a smaoinímid ar phost is post traidisiúnta a bhíonn i gceist. Ach is iomaí post **neamhghnách** atá ar fáil timpeall an domhain agus iad ar phá mór uaireanta. B'fhéidir go mbeadh suim agat a bheith i do chócaire ar fhomhuireán d'Airm na hAstráile? Gheobhfá thart ar €145,000! Nó, **bradaí ríomhaire (dleathach)** ag obair le comhlachtaí gnó chun 'glitches' a fháil ina gcórais ríomhaireachta? An pá? Timpeall €93,000. Ach, an post is mó pá ar fad? 'Fear repo* eitleán'– d'fhéadfá suas go €700,000 a fháil!

2. Gan dabht ar bith is post dáinséarach é an fear repo eitleán más le **mangaire drugaí** mór é an t-eitleán, ach tá dáinséar ag baint le poist eile freisin: smaoinigh ar an **éachtóir** ar scannán, **spásaire** nó **oifigeach diúscartha buamaí**! Cé mhéad airgid a bheadh ag teastáil uait chun bheith i do chrúiteoir nathracha *(snake milker)*? Sin an duine a bhaineann an **nimh** ón nathair chun **frith-nimh** a dhéanamh!

3. Má tá post níos sábháilte agus níos taitneamhaí ag teastáil uait, céard faoi ealaíontóir Lego, déantóir bord surfála, **tástálaí leapacha** nó siopadóir pearsanta! Má tá suim agat i scannáin nó i gceol is féidir leat post a fháil mar **léirmheastóir** agus do laethanta a chaitheamh ag féachaint ar scannáin nó ag éisteacht leis an gceol is déanaí. Tá daoine ag teastáil freisin chun cluichí físeán a thástáil agus $100,000 ag dul do phost amháin!

4. Bíonn poist ar fáil **go rialta** do dhaoine a bheadh sásta bia agus deochanna a thástáil. Bhí ar bhean amháin a fuair post mar **thástálaí beorach**, 36 bheoir éagsúla a thástáil gach lá! B'fhéidir go mbeadh níos mó suime agat i gcarr a thástáil nó **sleamhnán uisce**. Agus, más é taisteal an rud is mó a bhfuil spéis agat ann, seiceáil amach TheBigTrip.com, áit a raibh post ar fáil le déanaí do dhuine chun taisteal timpeall Meiriceá ar feadh 12 sheachtain ar $50,000 agus costais thaistil. 'Nice work if you can get it' mar a déarfá!

*Fear repo: Fear a thógann rudaí ar ais nuair nach bhfuil an duine ábalta íoc astu (repossession man)

Gluais

neamhghnách: unusual
bradaí ríomhaire: computer hacker
dleathach: legal
mangaire drugaí: drug dealer
éachtóir: stuntman
spásaire: astronaut
oifigeach diúscartha buamaí: bomb-disposal expert

nimh: poison/venom
frith-nimh: antidote
tástálaí leapacha: bed-tester
léirmheastóir: critic/reviewer
go rialta: regularly
tástálaí beorach: beer-tester
sleamhnán uisce: water slide

Ceisteanna

1. (a) Cad é an post is mó pá a luaitear sa sliocht thuas?
   (b) Cé mhéad airgid is féidir a dhéanamh sa phost seo?
2. (a) Cén fáth a mbíonn an post seo dáinséarach uaireanta?
   (b) Luaigh post amháin eile atá dáinséarach, dar leis an údar.
3. (a) Má tá suim agat i spóirt uisce cén post a thaitneodh leat?
   (b) Cé mhéad airgid a íocann post mar thástálaí chluichí físeán?
4. Más mian leat taisteal cén suíomh idirlín ba chóir duit féachaint air?
5. Cad é an post ab fhearr leatsa sa sliocht thuas? Cén fáth?

Bí ag caint!

Nod don nath

Poist níos coitianta anois! Ag obair i d'aonar nó leis an dalta in aice leat, abair cén post ata i gceist chun do bhealach a dhéanamh trasna an bhoird chomh tapa agus is féidir – ó bhun go barr, trasna nó trasnánach. Beidh an bua ag an gcéad dalta a shroicheann an taobh eile. Lean ort ansin, agus ainmnigh na poist ar fad. Scríobh amach aon cheann nua i do chóipleabhar. Go n-éirí leat!

D	I	M	A	TB
Téann tú go dtí an duine seo má tá tú tinn.	Scríobhann an duine seo i nuachtáin/irisí.	Deisíonn an duine seo do charr.	Déanann sé/sí na pleananna do theach sula dtógann tú é.	Má thógann tú an bus ar scoil feiceann tú an duine seo gach maidin.

F	F	C	P	G
Má itheann tú a lán seacláide beidh tú ag dul go dtí an duine seo go minic.	Má ghortaigh tú do dhroim nó do ghlúin b'fhéidir go rachfá go dtí an duine seo	Socraíonn an duine seo na cuntais do chomhlachtaí gnó.	Má tá fadhb agat le cúrsaí uisce sa teach cuireann tú glaoch ar an gceardaí seo.	Siúlann sé/sí na sráideanna chun do cheantar a choimeád sábháilte.

C	CR	T	A	L
Má sheinneann tú ceol go proifisiúnta seo an post atá agat.	Déanann an duine seo cláir do ríomhairí.	Dochtúir d'ainmhithe.	Smaoinigh ar Joey Tribbiani sa chlár teilifíse, Friends.	Oibríonn an duine seo le leabhair agus deir sé/sí 'ciúnas' go minic.
D	**F**	**S**	**L**	**P**
Tugann an duine seo comhairle duit maidir leis an dlí.	Ní bheadh bainne nó glasraí againn murach an duine seo.	Má tá rud ag cur imní ort nó má tá tú an-bhrónach b'fhéidir go rachfá go dtí an duine seo.	Má tá fadhb agat le cúrsaí leictreachais i do theach, cuir glaoch ar an duine seo.	Tugann an duine seo an leigheas duit tar éis duit dul go dtí an dochtúir.
C	**E**	**S**	**R**	**S**
Bíonn an duine seo ag gach foireann spóirt.	Má tá an tslí bheatha seo agat b'fhéidir go mbeidh tú ag obair le péint, nó le cré, nó le pinn luaidhe.	• Focal eile ar 'údar'.	Oibríonn an duine seo in oifig, agus de ghnáth is bean í.	Déanann an duine seo rudaí as adhmad . . . ach ní dhéanann sé bróga!

 Tasc scríofa

Bíonn cáilíochtaí is scileanna difriúla ag teastáil do phoist éagsúla. Meaitseáil na scileanna A–O agus 1–15 thíos i gceart agus ansin meaitseáil leis na poist atá luaite. Scríobh amach i do chóipleabhar iad. Is féidir an scil chéanna a úsáid níos mó ná uair amháin.

Bainisteoir gnó	Siceolaí	Iriseoir	Múinteoir	Tiománaí tacsaí	Riarthóir

A scileanna ríomhaireachta 12   1 good listening skills
B scileanna maithe cumarsáide 14 2 a university degree
C scileanna riaracháin 10   3 clean driver's licence
D scileanna maithe éisteachta 1   4 a good memory or satnav
E scileanna eagarthóireachta   5 initiative
F scileanna scríbhneoireachta 13   6 organisational skills
G scileanna ealaíne 7   7 artistic skills
H scileanna eagraithe   8 administration skills
I scileanna ceannaireachta 11   9 nice, gentle personality
J tionscnaíocht 5   10 editorial skills
K pearsantacht lách, séimh 9   11 leadership skills
L foighne 15   12 computer skills
M ceadúnas glan tiomána 3   13 writing skills
N céim ollscoile 2   14 good communication skills
O cuimhne mhaith nó satnav 4   15 patience

122

Bí ag caint!

A. Comhrá

Ag obair leis an dalta in aice leat, cuirigí na ceisteanna seo ar a chéile. Bí réidh do fhreagraí a chur i láthair don rang:

- ☐ An raibh post agat riamh? Post samhraidh nó post páirtaimseartha? Má bhí, déan cur síos gearr air.
- ☐ Cad a rinne tú mar thaithí oibre san Idirbhliain?
- ☐ Conas a fuair tú an post?
- ☐ Cén sórt oibre a rinne tú?
- ☐ An raibh na daoine a bhí ag obair leat go deas?
- ☐ Ar bhain tú taitneamh as an obair?
- ☐ Cérbh é an rud ab fhearr (*best*) agus an rud ba mheasa (*worst*) faoi?

B. Sraith pictiúr – Post samhraidh

Ag obair leis an dalta in aice leat, déan cur síos i nGaeilge ar gach pictiúr thíos. (Tá bosca foclóra faoina mbun chun cabhrú leat.)

- Coinníonn na hoibrithe eile, go deas glan slachtmhar é
- Féilire (-calender)
- Printéir
- méaróg (-memory stick)

Bosca Foclóra

fógra	notice
ar fáil	available
chuaigh sí faoi agallamh	she went for interview
ag freastal ar na custaiméirí	serving the customers
scileanna ríomhaireachta	computer skills
airgead póca	pocket money

Anois, cuirigí na ceisteanna seo a leanas ar a chéile:

Pictiúr 1
- Cad atá á dhéanamh ag an gcailín sa chéad phictiúr?
- Cén post atá ar fáil?
- Cathain a bheadh (*would*) an cailín ag obair?
- Cén t-am a bheadh sí ag obair ar an Satharn?
- Cad atá riachtanach (*necessary*) don phost?

Pictiúr 2
- Cad a rinne an cailín?
- Cad a dúirt sí sa ríomhphost?

Pictiúr 3
- Cá bhfuil an cailín anois?
- Cén fáth an bhfuil sí in oifig an bhainisteora?
- Conas a fuair sí amach go bhfuair sí an post?

Pictiúr 4
- Cad atá á dhéanamh ag an gcailín sa phictiúr seo?
- An bhfuil an siopa gnóthach (*busy*) nó ciúin?

Pictiúr 5
- Cad atá á dhéanamh ag an gcailín anois?
- Céard iad na scileanna atá in úsáid (*using*) aici?

Pictiúr 6
- Cá bhfuil an cailín anois?
- Cé atá in éineacht léi.
- Cad a deir an cailín lena cairde?

Tasc scríofa

Ríomhphost

Is tusa an cailín sna pictiúir thuas. Seo thíos i mBéarla an ríomhphost a sheol tú chuig an mbainisteoir chun an post samhraidh a fháil. Cuir Gaeilge air agus athscríobh i do chóipleabhar é. (Tá bosca foclóra thíos chun cabhrú leat.)

Chuig: siopauíriain@gmail.com
Ó: laineníd@hotmail.com
Cf: post samhraidh

Dear Sir or Madam,

I would like to apply for the summer job in your shop which I saw on the notice in your window.

My name is Laine Ní Dhúgáin and I am 16 years old. I am a student in Scoil Mhuire, Dún Dealgan. Last year when I was in Transition Year I worked in Siopa Poitigéara Uí Uiginn and in Siopa Leabhar an Bhaile. I really enjoyed the work.

I have good communication and computer skills, and a good personality. I would love to work in your shop as I love to read all sorts of books, and I write a review for our school website every month.

My CV is attached, and I hope to hear from you.

Yours faithfully,
Laine Ní Dhúgáin.

Dear Sir/Madam	A Chara
I would like to apply for . . .	ba mhaith liom cur isteach ar . . .
which/that	a
last year	anuraidh/an bhliain seo caite
review	léirmheas
attached	ceangailte leis an ríomhphost seo
I hope to hear from you	táim ag tnúth le cloisteáil uait
Yours faithfully	Is mise le meas

Bosca Foclóra

Scéal

'Dhún mé an siopa agus thóg mé an mála airgid go dtí an banc. Ní raibh mé ag súil leis na rudaí a tharla ina dhiaidh sin . . .'

Cad a tharla ina dhiaidh sin? Ceap scéal a mbeadh an abairt seo oiriúnach mar thús leis. (Féach an bosca foclóra thíos chun cabhrú leat agus féach siar ar an Aimsir Chaite i gCaibidil 2.)

Bosca Foclóra	
ar tí dúnadh	just about to close
go tobann	suddenly
phléasc beirt fhear an doras isteach	two men burst in the door
scread	screamed
ag crith ar nós duilleoige	shaking like a leaf
chuaigh mé i bhfolach	I hid
chuir mé glaoch ar	I called
bonnáin	sirens
úinéir an tsiopa	the shop owner
slán sábháilte	safe and sound

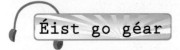

Traic 48-53

Ceachtanna cluastuisceana – Poist / slite beatha
Éist leis na daoine ag caint ar an bpodchraoladh agus scríobh síos i do chóipleabhar na poist atá acu. (Féach siar ar na poist ó Nod don Nath ar leathanach 121 sula dtosaíonn an comhrá.)

Tóg nóiméad chun an sliocht seo a léamh go ciúin tú féin. Bí réidh é a léamh os ard don rang, agus ansin freagair na ceisteanna a leanann.

An post is fearr ar domhan!

1. Chuir 34,000 duine isteach air. Ba iad na tascanna a bhí le déanamh ná dul ag snámh gach lá, dul **ag snorcal**, cairde a dhéanamh le muintir an oileáin agus, bhuel, taitneamh a bhaint as an oileán, an aimsir agus an saol ann!
2. An post? **Feighlí** Oileán Hamilton – **oileán tropaiceach** ar an Great Barrier Reef – ar feadh sé mhí. Bhí teach, linn snámha agus **cairrín gailf** ag dul leis an bpost chomh maith le **tuarastal** $110,000 (€85,000). Agus ní raibh le déanamh ag Ben Southall, an Sasanach a fuair an post, ach

blag a scríobh agus agallaimh theilifíse a thabhairt anois is arís.

3. Ba é Bord Turasóireachta Queensland a cheap an post mar bhí imní orthu faoin **gcúlú eacnamaíochta domhanda** agus an **tionchar** a bheadh aige ar an **tionscal turasóireachta** san Astráil. Mar chuid den **phróiséas agallaimh** don phost bhí ar na hiarrthóirí dul ag snorcal, dul go beárbaiciú agus am a chaitheamh i spá. Dochreidte!

4. **Ní haon ionadh** gur chuir daoine ó gach cearn den domhan isteach ar an bpost. Deirtear gur logáil daoine ó gach tír ar domhan isteach ar an suíomh ach amháin muintir an Chóiré Thuaidh (North Korea) agus cúpla tír san Afraic.

Gluais

ag snorcal: snorkelling	**tionchar:** effect
feighlí: Caretaker	**tionscal turasóireachta:** tourism industry
oileán tropaiceach: tropical island	
cairrín gailf: golf buggy	**próiséas agallaimh:** interview process
tuarastal: salary	**ní haon ionadh:** no wonder
cúlú eacnamaíochta domhanda: global recession	

Ceisteanna

1. (a) Cé mhéad duine a chuir isteach ar an bpost seo?
   (b) Ainmnigh trí rud, seachas snámh, a bhí ar Ben a dhéanamh gach lá.
2. (a) Cá raibh an post lonnaithe?
   (b) Cé mhéad airgid a fuair Ben?
3. (a) Cén fáth ar chuir Bord Turasóireachta Queensland an post ar fáil?
   (b) Cad a bhí ar na hiarrthóirí a dhéanamh mar chuid den phróiséas agallaimh?
4. Cén t-alt a dtagraíonn an abairt seo a leanas dó?
   'Bhí scileanna maithe ríomhaireachta agus scileanna maithe cumarsáide riachtanach don phost.'
5. Cén t-alt a dtagraíonn an abairt seo a leanas dó?
   'Bhí suim ag a lán daoine timpeall an domhain sa phost.'

Greim ar Ghramadach

Athchleachtadh ar na Réamhfhocail (Prepositions)

A preposition is a word which links nouns and pronouns to other parts of a sentence. You use them all the time in Irish without even thinking about them. Look at the examples below:

*Tá an leabhar **ar** an mbord.* – The book is **on** the table.
*Bhí Tomás ag caint **leis** an bpríomhoide.* – Tomás was talking **to** the principal.
*Tá madra nua **ag** Deirdre.* – Deirdre **has** a new dog.
*Thug mé €10 **do** Phól don CD.* – I gave €10 **to** Paul for the CD.

Sometimes, we do not specifically name the person/object to which the preposition refers. Again, this is something with which you are very familiar in Irish. Look at the following sentences:

*D'fhéach mé ar an mbord. Ní raibh an leabhair **air**.* – The book was not **on it**.
*Bhí Tomás ag caint **leis**.* – Tomás was talking **to him**.
*Tá madra nua **aici**.* – **She has** a new dog.
*Thug mé €10 **dó**.* – I gave €10 **to him**.

An Forainm Réamhfhoclach
Remember the following? Note the similarities between the endings for me, you, her, us and you plural.

Ar (on)	Ag (to have)	Le (with)	Do (to)	
Orm	Agam	Liom	Dom	(always refers to me)
Ort	Agat	Leat	Duit	(always refers to you)
Air	Aige	Leis	Dó	(always refers to him)
Uirthi	Aici	Léi	Di (no fada)	(always refers to her)
Orainn	Againn	Linn	Dúinn	(always refers to us)
Oraibh	Agaibh	Libh	Daoibh	(always refers to you (pl))
Orthu	Acu	Leo	Dóibh	(always refers to them)

By far the easiest way to remember the réamhfhocail and to use them properly is to learn them by heart as you would the words of a rap song!

*Nóta: We also use the réamhfhocal 'Le' in Irish when expressing likes/dislikes/preferences:
Is maith liom/ní maith liom/b'fhearr liom, etc.

Tasc Gramadaí
A. Athscríobh na habairtí seo a leanas i do chóipleabhar, ag líonadh na mbearnaí leis an bhfoirm cheart den réamhfhocal.
1. Is maith _____ Máire leabhair eachtraíochta.
2. Bhí ionadh _____ Phól nuair a fuair sé an post.

3. Thug an múinteoir ardmholadh _____ na daltaí mar bhí siad ag obair go dian.
4. Chuaigh mé go dtí an club oíche _____ mo chairde.
5. 'Tar anseo, a Thóraí,' arsa an múinteoir. 'Ba mhaith liom labhairt _____.'
6. 'Ba bhreá _____ a bheith i m'aisteoir,' arsa Jeaic leis an stiúrthóir.
7. Bhí Nell ag caint lena máthair ar an teileafón roimh an scrúdú. Dúirt sí go raibh eagla _____ go dteipfeadh uirthi.
8. Sheol mé ríomhphoist chuig fiche comhlacht ag lorg poist, ach rinne mé dearmad mo CV a thabhairt _____.
9. Cheannaigh Dáibhéad carr nua mar tá post mór _____ anois.
10. Tá an-suim ag Peadar i ríomhairí. Tá suim _____ in airgead freisin!

B. **Cuir Gaeilge ar na habairtí seo a leanas agus athscríobh i do chóipleabhar iad.**
1. I like computers and I would love to work with Google.
2. I would hate to work in an office.
3. He had my email when I went into the office.
4. I am interested in engineering.
5. I had a summer job working in a museum *(músaem/iarsmalann)*.
6. She gave me €100 at the end of the week.
7. I was delighted when the manager said to me that I had the job!
8. He interviewed me (literally, he put an interview on me!) last Wednesday.

Tasc taighde

Roghnaigh post a mbeadh suim agat ann sa todhchaí. Déan taighde ar an bpost. Nuair atá na sonraí ar fad bailithe agat, cuir i láthair don rang é.

Clúdaigh na pointí seo a leanas:
- TEIDEAL an PHOIST
- An bhfuil céim, dioplóma nó teastas ag teastáil?
- An bhfuil pointí san Ardteist ag teastáil? Má tá, cé mhéad pointe?
- An bhfuil *portfolio* nó agallamh riachtanach chun áit a fháil ar an gcúrsa?
- Cén coláiste/í a chuireann an cúrsa ar fáil?
- Cá fhad a leanann an cúrsa?
- Cá mbeadh post ar fáil ina dhiaidh sin?
- Cén sórt scileanna/tréithe atá ag teastáil don phost?
- Cén tuarastal a bheadh i gceist?
- Cén sórt oibre a bheadh idir láimhe agat?
- An rud is fearr faoin bpost?
- Aon mhíbhuntáistí?

Saotharlann Phróis

Seo thíos sliocht athchóirithe as an úrscéal *Ar ais arís* le Muireann Ní Bhrolcháin. Tóg nóiméad chun an sliocht a léamh go ciúin tú féin. Bí réidh é a léamh os ard don rang, agus ansin déan na ceisteanna a leanann.

Ar ais arís

Luigh Fiona siar sa suíochán agus dhún a súile ar feadh soicind. D'oscail sí arís iad. **A leithéid!** Bhí sí anseo le **faire** ar uimhir 6. Sin árasán a 6. **Ní fhéadfadh sí** a súile a dhúnadh. Thóg sí amach an leabhar crosfhocal a bhí aici ina mála mór. Bhí sí **feabhsaithe** go mór le dhá bhliain anuas! Bhí an t-am ann nuair nach bhféadfadh sí crosfhocal ar bith a dhéanamh. Anois bhí sí níos fearr ná Michael! Bhíodh sé **ar buile** nuair a bhí sí in ann 'Crosaire' a dhéanamh **níos tapúla** ná é. Michael bocht! Ní fhaca sí anois é le beagnach seachtain! Bhí sí chomh **gnóthach** sin. Ach bhí an t-airgead uathu. Bhí an **cíos** an-ard. Ró-ard is dócha.

Chonaic sí an fear as uimhir 6 ag teacht ina treo. Bhí an bhean in éineacht leis an tráthnóna seo. Bhí a lámh ar a **gualainn** agus bhí sise ag crochadh as. Bheadh scéal aici don bhean chéile amárach! An bhean bhocht. Ceathrar clainne aici agus an fear céile ina chónaí san árasán seo le cailín óg ocht mbliana déag.

'Uaireanta ní thuigim cén fáth a ndéanaim obair mar seo!' arsa Fiona léi féin. Thóg sí amach an leabhar nótaí as an mála agus **bhreac sí** síos an t-am. Leathuair tar éis a hocht. Tráthnóna álainn samhraidh. Nach trua go mbeadh drochscéal aici don bhean chéile.

'Tá sé sin ait,' arsa Fiona léi féin. 'Tá an carr sin páirceáilte ansin arís. Is é an fear céanna é freisin. Nach ait? B'fhéidir go bhfuil seisean ag faire ar dhuine éigin freisin. **Is cosúil** go bhfuil. B'fhéidir **gur chóir** dom labhairt leis. D'fhéadfaimis faire **le chéile**.'

Agus í ag faire ar an gcarr, d'imigh sé. **Rinne sí iarracht** an fear a fheiceáil ach níor éirigh léi. Ghlac sí uimhir an chairr agus chuir sa leabhar nótaí é.

Gluais

a leithéid: the like of it!	**cíos:** rent
faire: keep watch	**gualainn:** shoulder
ní fhéadfadh sí: she could not	**bhreac síos:** jotted down
feabhsaithe: improved	**is cosúil:** it seems so
ar buile: furious	**gur chóir:** should
'crosaire': crossword puzzle	**le chéile:** together
níos tapúla: faster	**rinne sí iarracht:** she tried
gnóthach: busy	

Ceisteanna
1. Cén post a bhí ag Fiona?
2. Cad a bhí á dhéanamh aici an tráthnóna seo?
3. Cé a chonaic sí?
4. Cad a bheadh aici don bhean chéile?
5. Cad a cheap Fiona faoin bhfear a bhí ina shuí sa charr páirceáilte?
6. Ar labhair Fiona leis an bhfear sa charr? Cén fáth?
7. Ar mhaith leatsa a bheith i do bhleachtaire? Cén fáth?

Tasc scríofa

Scéal

'Go tobann, stop an carr agus chas sé i dtreo Fiona . . .'

Cad a tharla ina dhiaidh sin? Ceap scéal a mbeadh an abairt seo oiriúnach mar thús leis. (Tá bosca foclóra thíos chun cabhrú leat agus is féidir féachaint siar ar an Aimsir Chaite i gCaibidil 2.)

Bosca Foclóra

sciorr an carr	the car skidded
baineadh geit as Fiona	Fiona got a fright
scaoileadh urchar	a shot was fired
bhailigh slua mór thart	a big crowd gathered round
gan aithne	unconscious
ní raibh tásc ná tuairisc ar . . .	there was no sign of . . .

Greim ar Ghramadach

Inscne Ainmfhocal – The Gender of Nouns

All nouns in Irish are either masculine or feminine. It is important to know the gender of the noun so that you can use it correctly.

If the noun is **masculine** we will spell it like this:
An t-amadán (t- on a noun beginning with a vowel)
An fear (no séimhiú on a noun beginning with a consonant)
An saighdiúr (nó t before a word beginning with an 's')

If the noun is **feminine**, we will spell it like this:
An uair (no t- before a noun beginning with a vowel)
An bhean (séimhiú on a noun beginning with a consonant)
An tseachtain (t before the 's' if the noun begins with an 's')

Masculine Nouns	Feminine Nouns
(Ainmfhocail Firinscneacha)	(Ainmfhocail Bhaininscneacha)
An t-amadán	An uair
An fear	An bhean
An saighdiúr	An tseachtain

When writing Irish you can check the gender of words in a dictionary: it will normally say (*fir*) after a masculine noun and (*bain*) after a feminine noun.

Tasc Gramadaí

A. Athscríobh na hainmfhocail seo a leanas i do chóipleabhar agus cuir 'f' (firinscneach/ masculine) nó 'b' (baininscneach/feminine) in aice leo de réir a n-inscne:

an t-arán	an bhialann	an mhaidin	an argóint
an dochtúir	an fhadhb	an bainisteoir	an gearán
an amharclann	an camán	an fiaclóir	an tír
an rothar	an ceantar	an leabharlann	an chlann
an teach	an bord	an t-eitleán	an t-eolas
an áit	an páipéar	an t-ospidéal	an scoil

B. Athscríobh na habairtí seo a leanas i do chóipleabhar agus déan athrú más gá ar na focail idir lúibíní.

Sampla: Bhris mé (an: cathaoir) = Bhris mé an chathaoir
Fuair mé (an: clúdach) don litir = Fuair mé an clúdach don litir

1. Chonaic mé (an: bean) ag tiomáint abhaile.
2. Bhí (an: fuinneog) briste nuair a chonaic mé í.
3. Rinne na daltaí (an: obair) agus anois tá siad ag féachaint ar scannán.
4. Tháinig (an: otharcharr) gan mhoill.
5. Buaileann (an: clog) ag a ceathair a chlog gach lá.

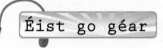
Éist go géar

Ceachtanna Cluastuisceana – Obair dheonach

Traic 54

Chomh maith le himeachtaí ar nós an mhion-chomhlachta déanann daltaí na hIdirbhliana obair dheonach *(voluntary work)* i measc an phobail uaireanta.

Éist go géar leis an gcomhrá idir Lúna agus Cathal ar an bpodchraoladh agus freagair na ceisteanna seo a leanas i do chóipleabhar.

1. Cá bhfuil Lúna ag obair?
2. Cén fáth ar roghnaigh sí an obair seo?
3. An dtaitníonn an obair léi?
4. Cá bhfuil Cathal ag obair?
5. Luaigh dhá rud a deir sé faoi na páistí?
6. Cheap Lúna go mba mhaith léi a bheith ina múinteoir bunscoile. Cad a cheapann sí anois?
7. Cad a deir Cathal?

Tasc scríofa

Scríobh cuntas gearr ar an obair a dhéanann tú mar 'Obair Dheonach' san Idirbhliain. Bí réidh é a léamh os ard don rang. Féach ar na pointí seo a leanas:

▲ Cad atá á dhéanamh agatsa mar obair dheonach?
▲ Cathain a dhéanann tú é?
▲ Cén sórt daoine atá ann?
▲ An bhfuil tú ag baint taitnimh as?
▲ Cad é an rud is fearr faoi?
▲ An bhfuil aon rud nach maith leat faoi?
▲ An leanfaidh tú ar aghaidh ag obair ann tar éis na hIdirbhliana?

Tóg nóiméad chun an sliocht seo a léamh go ciúin tú féin. Bí réidh é a léamh os ard don rang, agus ansin freagair na ceisteanna a leanann.

Na fiontraithe is óige in Éirinn?

1. An iad seo na **fiontraithe** is óige in Éirinn? Tá Conor McGarvey 12 bhliain agus a dheartháir, Rónán, 15 bliana, agus is **stiúrthóirí** iad ar a gcomhlacht féin, Donegal Pens, atá **lonnaithe gar do** Ghort a' Choirce i nGaeltacht Dhún na nGall.

2. Thosaigh an scéal sa bhliain 2009 nuair a chuaigh na buachaillí ar laethanta saoire lena dtuistí go Contae Aontroma. Is ansin a chonaic siad **pinn adhmaid** á ndéanamh don chéad uair agus bhí seans acu triail a bhaint as. Bhí siad **gafa ar an bpointe**! Níor stop siad **ag impí** ar a dtuismitheoirí **deil adhmaid** a cheannach dóibh agus faoi dheireadh fuair siad é agus thosaigh siad ag déanamh peann ina seid bheag ag bun an ghairdín.

3. Trí bliana níos déanaí agus tá pinn adhmaid á seoladh acu ar fud an domhain, agus iad in úsáid ag daoine cáiliúla ar nós Eamonn Gilmore, Gerry Adams agus Daniel O'Donnell. Bhí ionadh ar na buachaillí i mbliana nuair a tháinig turasóirí ón bhFrainc agus ón nGearmáin ar cuairt chucu tar éis iad a fheiceáil ar chlár teilifíse.

4. Tógann na buachaillí na **horduithe** ar a suíomh idirlín www.donegalpens.com. Tá **an-tóir ar** na pinn ó scoileanna agus ó chomhlachtaí gnó a úsáideann iad mar bhronntanais. 'Tá siad paiseanta faoi,' a dúirt Eoin McGarvey, athair na mbuachaillí óga. 'B'fhearr leo **casúr** agus **táirní** aon lá thar Xbox nó PlayStation!'

Gluais

fiontraithe: entrepreneurs
stiúrthóirí: directors
lonnaithe: based in
gar do: near to
pinn adhmaid: wooden pens
gafa: addicted
ar an bpointe: immediately

ag impí: imploring/begging
deil adhmaid: lathe (woodcraft instrument)
orduithe: orders
an-tóir ar: very popular
casúr: hammer
táirní: nails

Bí ag caint!

A. Ag obair leis an dalta in aice leat, cuirigí na ceisteanna seo ar a chéile:
- Ar mhaith leatsa do ghnó féin a bhunú nó ab fhearr leat a bheith ag obair do dhuine eile? Cén fáth?
- An bhfaca tú riamh *Dragon's Den* nó *The Apprentice* ar an teilifís?
- Cad a cheapann tú faoi na cláir?
- Ar mhaith leat dul ar cheann de na cláir? Cén ceann agus cén fáth?

B. Cuir Gaeilge ar na habairtí seo a leanas agus cuir ar an dalta in aice leat iad. Freagair gach ceist i nGaeilge.

1. What are the names of the boys in the passage *(sliocht)* and their company?
2. What do they make?
3. How did they become interested in wooden pens? (Literally – how did they put interest in wooden pens?)
4. Where do the boys sell the pens?
5. Why were they surprised this year?
6. Which do they prefer – a hammer and nails or a computer game?

Gramadach – An Ghreim Dheireanach!

Focail Thrioblóideacha

There are some words in Irish which are very similar and are often misused because of that. Look at the words below, then do the exercise that follows:

An– (very)	**Ró–** (too)	
A lán (a lot of)	**Álainn** (lovely)	
Ansin (then/there)	**Anois** (now)	**Anseo** (here)
Ar ais (back)	**Arís** (again)	

Bhuail mé (I hit)   **Thit mé** (I fell)
Bhuail mé le . . . (I met . . .)

Cathair (city)   **Cathaoir** (chair)

An chéad (the first)   **Céad** (100)

D'fhéach mé ar (I looked at)   **Chonaic mé** (I saw)

Glaoch = a call (noun)   **Glaoigh** = to call (verb)

Is fearr liom (I prefer)   **Is féidir liom** (I can)

Níl (the opposite of 'Tá')
Níor (the word you put before a verb in the Past Tense to change it into the negative)
Níor chuir mé mo chóta orm.
Ní (the word you put before a verb in every other tense to change the verb into the negative)
Ní chuirim mo chóta orm aon lá.
Ní chuirfidh mé mo chóta orm amárach

Tasc Gramadaí

Cuir Gaeilge ar na habairtí seo a leanas:
1. The boy is very tall but he is not too smart (cliste).
2. I prefer music to sport and I can play the guitar well.
3. The man looked around and he saw the boy.

4. Danú was in first year when her mum won €100 million in the Lotto!
5. Dad got a call from the principal and he was very angry when he called me on my mobile phone.
6. 'It is raining in Spain,' said Simone. 'It is not raining in Ireland!' said Tomás.
7. 'I will be back,' said the Terminator again and again.
8. 'Here,' said the student when the teacher called the roll *(an rolla)*.
9. Peter was at home but he is not there now.
10. The car hit the child and she fell on the road.
11. There was a lot of money in the bag that was on the chair.
12. The people did not sell their house and they will not sell their house because the price is too low.
13. I love the city of Paris!

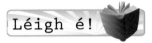 Léigh é!

Léigh an t-alt thíos, bunaithe ar alt ón iris *Science* faoin dátheangachas.

Buntáiste an dátheangachais

1. Speaking two languages rather than just one has obvious practical benefits in an increasingly globalised world. But, in recent years, scientists have begun to show that the advantages of bilingualism are even more fundamental than being able to converse with a wider range of people. Being bilingual, it turns out, makes you smarter and can even shield you against dementia in old age.

2. There is ample evidence that in a bilingual's brain both language systems are active even when only one language is being used, giving the mind a workout that strengthens its cognitive muscles. Bilinguals, for instance, seem to be more adept than monolinguals at solving certain kinds of mental puzzles.

3. The evidence from a number of studies suggests that the bilingual experience improves the brain's attention processes which we use for planning, solving problems and performing various other mentally demanding tasks. This helps us to stay focused and remember information.

4. The bilingual experience appears to influence the brain from infancy to old age (and there is reason to believe that it may also apply to those who learn a second language later in life).

5. Bilingualism's effects also extend into the twilight years. A recent study found that individuals with a higher degree of bilingualism were more resistant than others to the onset of dementia and other symptoms of Alzheimer's disease: the higher the degree of bilingualism, the later the age of onset.

6. Nobody ever doubted the power of language. But who would have imagined that the words we hear and the sentences we speak might be leaving such a deep imprint?

Bí ag caint!

Plé ranga

Mar rang, déan plé ar na ceisteanna seo a leanas:

☐ An raibh aon rud suimiúil san alt thuas?

☐ Deir an t-alt go bhfuil sé go maith don inchinn *(brain)* dhá theanga a fhoghlaim. An dóigh leat gur maith an rud é go bhfoghlaimíonn daltaí in Éirinn an Ghaeilge chomh maith leis an mBéarla ar an mbunscoil?

☐ An gceapann tú go mbeadh sé níos fearr teanga eile a fhoghlaim? Cén teanga? Cén fáth?

☐ Cén teanga nua-aimseartha atá á staidéar agat anois?

☐ Cé mhéad teangacha a bheidh agat ar do CV mar sin?

☐ An mbeadh níos mó suime agat Gaeilge a fhoghlaim tar éis an ailt a léamh nó an ndéanann sé aon difríocht duit. Cén fáth?

Féinmheasúnú
Cad atá foghlamtha agam?

Ceist 1: Tráth na gCeist
(a) Cad a dúirt Confucius faoi phost a roghnú?
(b) Cad í an Ghaeilge ar 'lawyer/solicitor', 'vet' agus 'software engineer'?
(c) Cad í an Ghaeilge ar 'computer skills' agus 'communication skills'?
(d) Cén post a bhí ag Fiona san úrscéal *Ar ais arís* le Muireann Ní Bhrolcháin?
(e) Cad a dhéanann an comhlacht a bhunaigh na fiontraithe óga, Conor agus Rónán McGarvey, agus cad is ainm dó?
(f) Cá bhfuil an comhlacht suite?
(g) Cad is brí leis an bhfocal 'dátheangachas'?
(h) De réir an ailt san iris *Science,* cé hiad na buntáistí *(advantages)* a bhaineann leis an dátheangachas don intinn?

Ceist 2: An post atá ag teastáil uaim.
Scríobh óráid ghearr faoin bpost ab fhearr leat tar éis na hArdteiste. Cuir í láthair don rang í.

Ceist 3: Gramadach
(a) Líon na bearnaí sna habairtí seo a leanas agus athscríobh i do chóipleabhar iad.
    (i) Bhí mé ag caint _____ Seán ag an dioscó.
    (ii) 'Tá áthas _____ bualadh leat,' arsa an múinteoir leis an dalta nua.
    (iii) Thug an buachaill mála beag _____ Liam.
    (iv) Chuaigh mo thuistí go dtí an t-ospidéal san otharcharr. Chuaigh an Garda _____.
    (v) Chuir an torann eagla _____ mar ní raibh aon duine sa teach liom.

(b) Athscríobh na focail seo a leanas agus cuir (f) firinscneach nó (b) baininscneach le gach ceann díobh de réir mar a oireann.
- An t-oileán
- An fheadóg
- An siopa
- An uair
- An capall
- An tsaoire

Ceist 4: Foclóir
Cuir na focail seo a leanas in abairtí a léireoidh a mbrí is a gceartúsáid:
- Neamhghnách
- Bradaire ríomhaire
- Comhlacht gnó
- Agallamh
- Pá
- Fiontraí

Lig do Scíth!

Bain triail agus taitneamh astu seo a leanas:

Puzal

Cén post atá acu?

- ☐ Tá comhlacht ghnó ann ina bhfuil trí phost: Cathaoirleach, Stiúrthóir agus Rúnaí.
- ☐ Is iad Jerry, Anita agus Rose na daoine atá sna poist éagsúla seo ach ní san ord céanna.
- ☐ Is páiste aonair an rúnaí agus faigheann sé/sí an pá is ísle.
- ☐ Tá Rose pósta le deartháir Jerry agus tuilleann sí níos mó ná an Stiúrthóir.

Scríobh amach i do chóipleabhar an bosca thíos agus cuir tic sna spásanna a léireoidh cé aige/aici a bhfuil gach post. Go n-éirí leat!

	Cathaoirleach	Stiúrthóir	Rúnaí
Rose			
Jerry			
Anita			

Ar líne

Téigh ar YouTube agus féach ar 'Class of 99; Wear Sunscreen' (uaslódáilte ag Michael Said), bunaithe ar alt cáiliúil dar teideal 'Advice, like youth, probably just wasted on the young' le Mary Schmich, foilsithe sa *Chicago Tribune* sa bhliain 1997. Tá sé feicthe ag breis is 9 milliún duine ó cuireadh ar YouTube i dtosach. Bain taitneamh as!

An Táin

'Is tragóid é an náisiún gan cheol nó scéal'
'A nation that has no music and no stories is a tragedy.'

Ai Wei Wei
Ealaíontóir Síneach

Clár

Réamhrá

Réamhrá

Ar chuala tú riamh faoi Chú Chulainn, faoi Fhionn agus na Fianna nó Oisín i dTír na nÓg? Is laochra *(heroes)* iad ar fad atá le fáil i litríocht agus laochscéalta *(heroic tales)* na Gaeilge. Is scéalta iontacha iad seo atá lán d'uaisleacht *(nobility)*, chrógacht *(courage)*, d'fhoréigean *(violence)*, dhraíocht *(magic)* agus na mór-mhothúcháin uilíocha *(universal)* – grá, éad, fuath agus briseadh croí.

  Is é ceann de na scéalta is fearr dá bhfuil againn ná Táin Bó Cuailgne *(The Cattle Raid of Cooley)*, nó An Táin mar a thugtar air. Am éigin timpeall 1100AD a scríobhadh síos an scéal iontach seo don chéad uair sa lámhscríbhinn is ársa *(ancient)* atá againn.

  Deirtear go bhfuil sé ar cheann de mhórscéalta an domhain!

Léigh an t-alt seo thíos faoi *An Táin* agus ansin bain taitneamh as an scéal é féin sna leathanaigh a leanann:

Táin Bó Cuailgne (The Cattle-Raid of Cooley)

Táin Bó Cuailgne (often referred to simply as *An Táin*) is one of the most ancient and magnificent of Irish stories. Dating back to the twelfth century AD, it is widely believed to be the oldest epic tale in European literature, and was passed down from generation to generation of Irish people by word of mouth.

  Imagine the great battles in *Lord of the Rings*, the magic of *Harry Potter,* and the villains and heroes of both. Combine these with cattle raids, treachery, jealousy and greed faced down by bravery, honour and undying loyalty, and you have a flavour of *An Táin*!

  Although the story contains lots of fantasy, it gives us a glimpse of a real people and a society long-since forgotten. We see how the ancient Celts lived, how they fought, what they believed and what they valued. In a world of barbarity, war and regular cattle-raids (the equivalent of bank robberies today), lives were still lived with honour, a man's word was of utmost importance, and loyalty to one's family and tribe were paramount.

  Examples of the Celts' belief in the spirit world abound in the pages of this story. The Celts believed that good and evil spirits entered the human world at times, bringing with them magical powers (Cú Chulainn's magic sword the *Ga Bolga* which nobody could survive, the sleeping spell put on the Ulster Army of Rí Conchúr, and the evil witch's magic which she used to try to defeat Cú Chulainn). Good and evil were thought to be in constant battle, greed and jealousy could bring about disaster and one could not escape one's fate, no matter how hard one tried.

  As with all such stories, events, characters and emotions are larger than life. Love and hatred, greed and jealousy, loyalty, inescapable fate – these are the stuff of epic tales, and in this widely acclaimed story they are there in plenty. Bain taitneamh as!

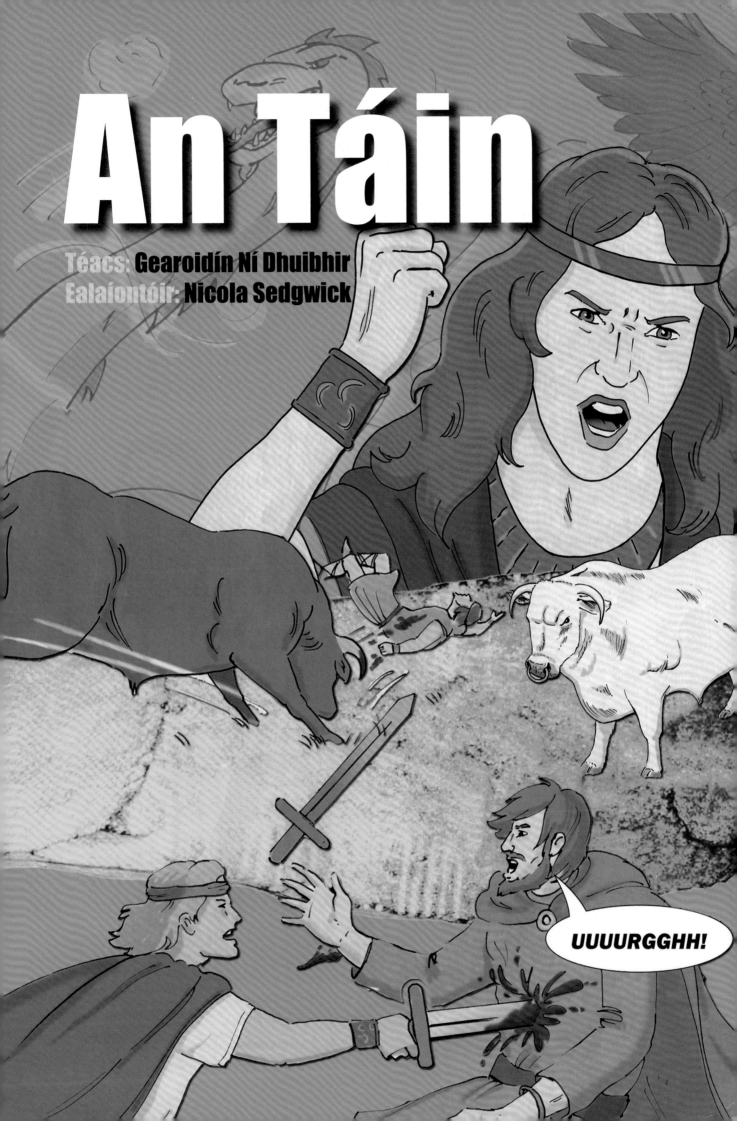

An Scéal: An Suíomh is na Carachtair

An Suíomh (the setting)

Cruachain: Brú ríoga (pálás) Bhanríon Chonnacht, Méabh, agus a fhir chéile, Ailill.

Na Carachtair

Méabh, Banríon Chonnacht, iníon Ardrí na hÉireann. Bean bhródúil, éadmhar, cheanndána

Ailill, fear céile Mhéabha

Fearghus Mac Roth, príomhtheachtaire Mhéabha

Cú Chulainn, an laoch is fearr i gCúige Uladh agus in Éirinn

Feardia, deartháir altrama (*foster brother*) Chú Chulainn

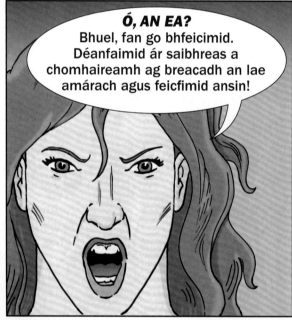

Mhínigh Mac Roth an scéal . . .

. . . agus sin an scéal. Ba mhaith le Banríon Méabh do tharbh Donn Cuailgne a fháil ar iasacht ar feadh bliana. Íocfaidh sí go maith as – talamh is capaill is carbad. Agus, dár ndóigh, a cairdeas is a dílseacht go deo.

Is maith an margadh é sin agus onóir dom cabhrú leis an mbanríon uasal. Anois, lig do scíth agus beidh féasta breá againn chun an margadh a cheiliúradh. Beidh an tarbh agat ar maidin.

Chuir Mac Fiachna féasta breá ar fáil do Mhac Roth agus a fhir.

Sláinte agus saol fada don fhear uasal, Dáire Mac Fiachna, as a thuiscint agus a fhlaithiúlacht . . . agus, dár ndóigh, as a tharbh iontach! Go maire sé céad.

Ach, faraor ní fada a mhair an t-ádh is an tsíocháin . . .

Agus tá a fhios againn go léir cad a tharlódh muna dtabharfadh sé an tarbh dúinn go toilteanach. Thógfaí ar aon nós é agus ba mheasa dó é . . .

Fan go gcloise mo mháistir . . .

Ní bhfaighidh siad mo tharbh go deo! *NÍ FHÁGFAIDH SÉ ULAIDH RIAMH!*

148

BEIDH AN TARBH SIN AGAM!
Is cuma cén chaoi a bhfaighidh mé é . . .

Ach, ach . . . ciallaíonn sé sin **TÁIN!**

Sea, **TÁIN,** agus mise a bheidh i gceannas air! Abair le mo shaighdiúirí iad féin a ullmhú chun cogaidh.

Agus an racht curtha di, thosaigh Méabh ag machnamh . . .

Caithfidh mé an bua a fháil ar Rí Chonchúr agus Laochra Uladh. Is cúis onóir é.

Smaoinigh sí ar phlean . . .

Ah-ha . . . iarrfaidh mé cabhair ó mo chairde i gCúige Mumhan agus gCúige Laighean. Tá an dearg-fhuath ag cuid acu ar Chonchúr ar aon nós. Tá mé cinnte go gcabhróidh siad liom!

MAC ROTH, CÁ BHFUIL TÚ? MAC ROTH, TAR ANSEO, TÁ PLEAN AGAM...

Téigh go Mumhain agus Laighin. Mínigh an scéal do mo chairde ann. Abair leo go bhfuil a dtacaíocht is a gcabhair ag teastáil uaim.

Mar is mian leat, a Bhanríon uasail.

Chuaigh Mac Roth timpeall na tíre ag bailiú le chéile na saighdiúirí ab fhearr chun tacú le Méabh.

Agus tháinig siad ina gcéadta.

TÁ FÁILTE MHÓR ROMHAIBH.

Ach bhí imní ar an mbanríon fós.

Ní féidir liom aon rud a fhágáil faoin gcinniúint. Caithfidh mé an bua a fháil . . . labhróidh mé leis an Draoi!

Ghlaoigh sí ar an Draoi . . .

An mbeidh an bua agam ar Chonchúr?

Tiocfaidh tú abhaile slán, a Bhanríon.

150

Agus chuir an Draoi geasa ar Rí Conchúr agus ar a shaighdiúirí a bhí ag féasta in Eamhain Mhacha, agus thit codladh draíochta orthu.

151

Ar aghaidh le Méabh agus a saighdiúirí go Cuailgne agus thosaigh AN TÁIN.

AR AGHAIDH LINN GO HULAIDH!

Ach bhí laoch amháin nach raibh faoi gheasa . . . CÚ CHULAINN.

In ainm na nDraoithe, cad a tharla anseo?

Agus bhí duine amháin i measc cairde Mhéabha nach raibh sásta lena plean, Fearghus Mac Roich. Bhí an-ghrá aige do Chú Chulainn.

Caithfidh mé teachtaireacht a chur chuig Cú Chulainn.

152

Sheol sé teachtaire chuige.

Ní fiú iarracht a dhéanamh na fir a dhúiseacht. Ní bheidh tú in ann.

Cé tú féin?

Teachtaire ó Fhearghus Mac Roich. Tá na fir faoi gheasa . . . codladh draíochta atá orthu.

. . . agus sin an fáth go bhfuil Conchúr agus na saighdiúirí ina gcodladh. Ceapann an Bhanríon go bhfuil Ulaidh gan cosaint anois. Tá sí ar a bealach.

Ní bheidh Ulaidh gan cosaint fad is atá mise i mo sheasamh. Cuirfidh mise stop leis An Táin seo!

Smaoinigh Cú Chulainn ar phlean . . .

Caithfidh Méabh an abhainn a thrasnú ag Áth Gabhla . . .

Leag sé crann . . .

. . . agus chaith sé isteach san abhainn é.

Cuirfidh seo stop léi!

Tháinig ceathrar saighdiúirí d'arm Mhéabha agus cheap siad Cú Chulainn a mharú . . .

HARRRRRR!

Ach níor éirigh leo.
Bhain Cú Chulainn na cinn díobh.

Bhí Méabh ar buile agus, faoi dheireadh, ghéill sí agus shocraigh sí campa a dhéanamh don oíche.

FÁG É! FÁG É!
Fanfaimid anseo anocht. Gheobhaimid bealach eile amárach chun an abhainn a thrasnú.

Shocraigh Cú Chulainn síos don oíche freisin.

Caithfidh mé moill a chur orthu go dtí go ndúisíonn Conchúr agus na saighdiúirí.

Ach, go tobann, chuala sé torann . . .

Cad é sin?

Chonaic sé fear óg ag gearradh crainn . . .

Is mise tiománaí Orlaim, mac na banríona. Agus tusa?

Cé tú féin?

Is mise Cú Chulainn.

Bhí eagla an domhain ar an bhfear óg nuair a chuala sé ainm Chú Chulainn!

Tá deireadh liom . . .

Ná bíodh eagla ort. Ní mharaím tiománaithe nó teachtairí riamh. Anois, inis dom . . . cá bhfuil do mháistir, Orlam?

Tá sé ag fanacht liom ar bhruach na coille.

Fan anseo. Ná bog.

156

Ach bhí duine éigin eile á lorg ag Cú Chulainn . . .

YAAAAA!

. . . agus fuair sé é.

Thug sé ceann Orlaim dá thiománaí agus dúirt . . .

Tóg é seo don Bhanríon Méabh, agus abair léi go bhfuil níos measa le teacht muna bhfilleann sí abhaile láithreach!

Bainfidh mé díoltas amach ar an té a mharaigh mo mhac! Tá deireadh leis. B'fhearr dó nár rugadh riamh é!

Agus ansin . . .

. . . thaispeáin Cú Chulainn a scil go soiléir . . . rud a chuir imní ar Fhearghus.

B'fhéidir gurbh fhearr dúinn filleadh abhaile, a Bhanríon.

Ar aghaidh linn go Cuailgne agus maróimid an Cú Chulainn seo . .

D'éirigh le Méabh an abhainn a thrasnú faoi dheireadh.

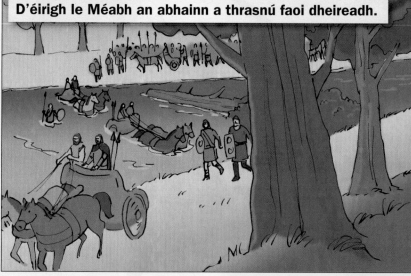

Lean airm na banríona ar aghaidh cé gur chuir Cú Chulainn isteach orthu ag gach cor agus casadh, ag marú saighdiúra tar éis saighdiúra.

Ansin, lá amháin bhuail Méabh bob ar Chú Chulainn.

AR AGHAIDH LINN GO CUAILGNE. BEIDH AN TARBH AGAM!

Ag teach Dháire Mhic Fhiachna . . .

Tá Banríon Chonnacht agus a harm ar a mbealach!

Caithfimid an tarbh a chur i bhfolach. Go tapa! Tóg go Sliabh gCuillinn é.

Cuireadh Donn Cuailgne i bhfolach láithreach ar Shliabh gCuillinn, áit ar cheap Dáire Mac Fiachna go mbeadh sé slán sábháilte.

Tháinig Méabh agus a harm.

Níl an tarbh anseo. Cá bhfuil sé, an dóigh leat?

Gach seans gur tógadh é go Sliabh gCuillinn, a Bhanríon.

BHUEL, CAD ATÁ Á DHÉANAMH AGAT, A AMADÁIN? TÉIGH AGUS FAIGH É!

Agus ansin, d'éalaigh sé ar ais go dtí na sléibhte agus, in ainneoin gach iarracht a rinne Laochra Chonnacht, ní raibh tásc ná tuairisc air.

Bhí rudaí chun dul in olcas . . . bhí Cú Chulainn ar buile agus rinne sé ionsaí fíochmhar ar champa Mhéabha agus mharaigh sé na céadta fear.

Chonaic Méabh a saighdiúirí ina luí marbh ina timpeall agus tháinig imní uirthi. Smaoinigh sí ar phlean nua . . .

Téigh go Cú Chulainn agus abair leis go dtabharfaidh mé ceathrú de mo shaibhreas dó má stopann sé an slad seo.

Ach dhiúltaigh Cú Chulainn.

Abair leis an mBanríon uasal nach bhfuil suim dá laghad agam ina saibhreas.

Chuir Méabh an teachtaire ar ais le tairiscint nua . . .

. . . *LEATH MO SHAIBHRIS!*

Ach níor ghéill Cú Chulainn.

Nach dtuigeann an bhean amaideach sin aon rud!

Lean Cú Chulainn ag marú saighdiúirí na banríona agus ag cur uafáis is eagla ar an gcampa ar feadh trí lá agus trí oíche . . .

163

D'iarr Méabh comhairle ó Fhearghus.
Cad a chuirfidh stop leis an laoch seo, a Fhearghuis?
Rachaidh mé chun labhairt leis.
Ba dhlúthchairde iad Cú Chulainn agus Fearghus, agus bhí áthas orthu bualadh le chéile arís.
Ní stopfaidh Méabh go dtí go mbeidh an tarbh donn aici, a Chú. Caithfimid socrú éigin a dhéanamh.
Abair le do bhanríon a laochra is fearr a chur chugam – tá mé sásta iad a throid duine i ndiaidh duine.
Thug Fearghus an freagra do Mhéabh agus bhí fearg an domhain uirthi.
Gheobhaidh mé na trodairí is fearr sa tír agus marófar an 'laoch' seo ar ais nó ar éigean. Ní bheidh an bua aige orm!

Chuir Méabh duine dá trodairí ab fhearr chun troid le Cú Chulainn.
Ach bhain Cú Chulainn a cheann de agus chaith sé isteach i gcampa Mhéabha é.

BEIDH AN BUA AGAM ORT, A CHÚ CHULAINN. NÁ BÍODH AON DUL AMÚ ORT. TÁ DEIREADH LEAT!

Ansin, smaoinigh Méabh ar phlean eile . . .

Ah-ha! Bean álainn . . . Cuirfidh mé glao ar Chailleach an Troda. Is féidir léi aon chruth a chur uirthi féin! Gheobhaidh mé an lámh in uachtar an uair seo!

Níos déanaí an tráthnóna sin chuaigh Méabh agus a harm amach arís ar thóir an tairbh. Bhí Cú Chulainn ag faire orthu.

Lean Cú Chulainn ag cur isteach ar Mhéabh agus a saighdiúirí.

UUUURGGHH!

IN AINM NA NDRAOITHE, MARAIGH É! NÍL ANN ACH GASÚR GAN FÉASÓG!

Sar i bhfad . . .

Bhuel . . . ?

Tá siad go léir marbh, a Bhanríon.

Cuir glao ar Chuar Mac Daluat.

166

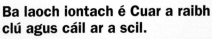

Ba laoch iontach é Cuar a raibh clú agus cáil ar a scil.

Ach ní raibh sé maith go leor chun an bua a fháil ar Chú Chulainn . . .

. . . agus mharaigh Cú Chulainn é gan stró.

NNNGH . . . !

Tá brón orm, a Bhanríon, ach tá Cuar Mac Daluat marbh.

AAAH!! Ní ligfidh mé dó an bua a fháil orm. Cén sórt amadáin gan mhaith atá agam mar shaighdiúirí?!

Bhí eagla an domhain ar na saighdiúirí eile faoin am seo, agus ní raibh aon duine sásta troid in aghaidh Chú Chulainn.

Ní throidfidh mise ina choinne.

Ní féidir an bua a fháil air.

Na céadta laoch maraithe aige . . .

Ba chóir dúinn filleadh abhaile.

Ach amháin . . . Lóch.

Cuir Lóch chugam . . . taispeánfaidh seisean do na hamadáin sin conas comhrac aonair a dhéanamh!

167

Bhí troid fhíochmhar idir Lóch agus Cú Chulainn.

Ansin cuireadh cor cinniúnach i scéal Chú Chulainn . . . bhain an chailleach díoltas amach air i bhfoirm eascainne.

AAAHHH!

Thit Cú Chulainn siar san uisce agus rug Lóch ar a sheans . . . ghortaigh sé Cú Chulainn chomh dona sin go raibh dath dearg ar uisce na habhann lena fhuil.

Seo dhuit! I gcuimhne ar mo dheartháir dílis, Long, a mharaigh tú, agus Laochra Chonnacht uilig!

Bhí cabhair speisialta ag teastáil ó Chú Chulainn . . . an Ga Bolga, sleá draíochta.

Rug Cú Chulainn ar an nGa Bolga le méara a choise agus chaith sé isteach i mbolg Lóch é.

D'éalaigh an chailleach i bhfoirm na heascainne. Ansin, tháinig cruth mhac tíre uirthi.

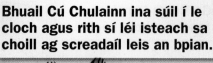

Bhuail Cú Chulainn ina súil í le cloch agus rith sí léi isteach sa choill ag screadaíl leis an bpian.

Thit tuirse do-inste ar Chú Chulainn.

Is iomaí namhaid atá agam fós ach táim chomh tuirseach sin . . .

Bhí áthas an domhain ar Mhéabh nuair a chonaic sí Cú Chulainn ina luí, go lag ar an talamh. D'ordaigh sí dá saighdiúirí dul agus é a mharú láithreach.

ANOIS, TAPAÍGÍ AN DEIS . . . TÉIGH AGUS MARAIGH É!

D'imigh grúpa saighdiúirí leo ach chuala Cú Chulainn ag teacht iad . . .

Ní féidir liom codladh a dhéanamh. Táim lag agus traochta ach caithfidh mé seasamh agus Ulaidh a chosaint.

Agus mharaigh sé gach duine acu.

Bhí Méabh ar buile agus d'ordaigh sí dá saighdiúirí go léir ionsaí fíochmhar a dhéanamh ar Chú Chulainn. . .

. . . agus thapaigh sí an deis dul ar ais go Sliabh gCuillinn agus rug sí ar an tarbh, Donn Cuailgne.

Anois, abhaile libh go Cruachain leis an Donn! An bua agam faoi dheireadh!

171

172

Tabharfaidh mé leath mo shaibhris duit . . . agus m'iníon mar bhean chéile.

Is bean fhlaithiúlach tú, gan dabht, a Bhanríon uasail, ach ní féidir liom glacadh le do thairiscint. Níl mé sásta troid in aghaidh mo charad is mo 'dhearthár'.

Is dócha gur fíor a dúirt Cú Chulainn, mar sin.

Cad é sin?

Go bhfuil eagla ort roimhe.

Más sin a dúirt sé níl an dara rogha agam . . . caithfidh mé m'onóir a chosaint.

Agus leis an mbréag fhealltach sin, bhí an cinneadh déanta . . . throidfeadh Cú Chulainn agus a anamchara, Feardia, in aghaidh a chéile.

An mhaidin dar gcionn bhuail Cú Chulainn agus Feardia ag an áth.

Nílim ag iarraidh tú a throid, a Fheardia. Téigh abhaile.

Muna dtroidim tú beidh mé náirithe go deo. Déarfar go raibh eagla orm romhat. Níl aon dul as agam.

Roghnaigh d'airm mar sin.

173

Throid siad in aghaidh a chéile go dtí titim na hoíche ach ní bhfuair ceachtar acu an lámh in uachtar.

Ar an dara lá, roghnaigh Cú Chulainn na capaill agus carbaid mar uirlisí troda. Throid siad go titim na hoíche arís agus arís, ní bhfuair ceachtar acu an lámh in uachtar.

Ar an tríú lá, lean an troid ar aghaidh go dtí gur ghortaigh Feardia Cú Chulainn go dona.

UUHHH!

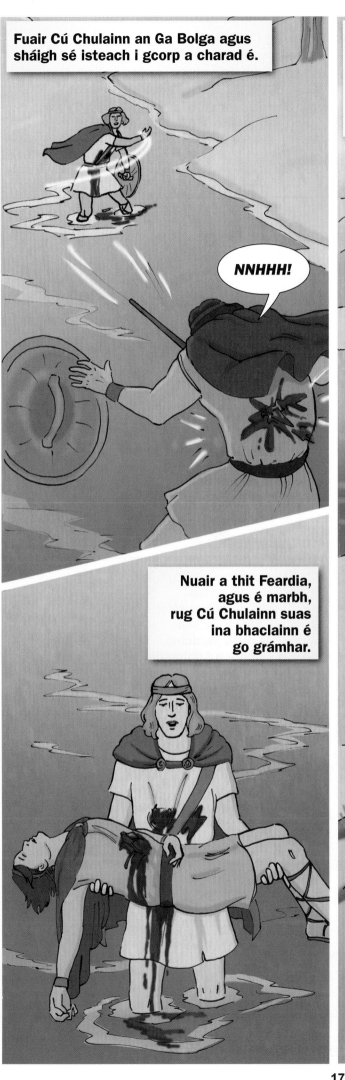

D'fhill Méabh agus a harm ar ais go Cruachain, áit a raibh an Donn Cuailgne ag fanacht leo.

Ar ais ag Cruachain . . .

Tá ainmhí i bhfad níos fearr ná sin agam!

An ráiméis sin arís, a Mhéabh! Nach ndearnamar comparáid idir ár saibhreas cheana féin. Is liomsa an tarbh is fearr in Éirinn!

Ní leatsa a thuilleadh, a stór! Féach air seo! Is mise an duine is saibhre ag deireadh an lae!

176

Bhí Ailill ar buile agus rinne sé iarracht an Donn Cuailgne a mharú ach d'imigh sé leis ar ais thar na sléibhte go dtí an áit as a dtáinig sé . . .

Ní fhacthas an Donn Cuailgne riamh arís i gCúige Chonnacht. Deirtear go ndeachaigh sé ar ais go teach Dháire Mhic Fhiachna.

Cibé scéal é . . . tháinig deireadh leis AN TÁIN.

Tasc scríofa

A. Tuít nó téacs

Cum tuít nó téacs (140 carachtar nó níos lú) chun scéal *An Táin* a mhíniú do do chara nár chuala faoi riamh.

B. Achoimre ar an scéal

Líon na bearnaí sna habairtí seo a leanas agus scríobh amach iad i do chóipleabhar chun achoimre (*summary*) an scéil a insint.

1. Bhí é_____ ar Mhéabh mar bhí tarbh níos fearr ag a fear céile, Ailill.
2. Chuala sí faoi tharbh iontach, Donn C_____, a bhí i gCúige U_____.
3. Shocraigh sí an Donn Cuailgne a fháil ar ais nó ar éigean (*one way or another*).
4. Ba le fear darbh ainm Dáire M_____ F_____ an tarbh iontach Donn Cuailgne.
5. Bhí Mac Fiachna sásta i dtosach an tarbh a thabhairt ar iasacht do Mhéabh ach ansin d'athraigh sé a intinn agus d_____ sé.
6. Bhí Méabh ar b_____. Shocraigh sí an tarbh a ghoid agus thosaigh An Táin!
7. Bhailigh Mac R_____ na céadta saighdiúir agus laoch ó gach cearn den tír chun cabhrú le Méabh sa Táin.
8. D'iarr Méabh ar an D_____ geas a chur ar Rí Conchúr (Rí Uladh) agus a shaighdiúirí. Chuir sé c_____ d_____ orthu.
9. Ach níor oibrigh an codladh draíochta ar l_____ amháin – Cú Chulainn.
10. Chuir Feardia, dearthár a_____ Chú Chulainn, scéal chuige ag rá go raibh Méabh ar a bealach.
11. Bhí ar Chú Chulainn Ulaidh a chosaint (*protect*) ina aonar mar bhí na laochra eile ar fad ina g_____.
12. Stop Cú Chulainn Méabh agus a harm ag trasnú na habhann: mharaigh sé ceathrar dá saighdiúir agus chuir sé a gcinn ar chrann i lár na h_____.
13. Ansin, mharaigh sé mac Mhéabha, O_____, agus chuir sé a cheann ar ais chuici.
14. Mhol Feardia di dul abhaile ach níor é_____ sí leis mar ba bhean cheanndána í.
15. Sheas Cú Chulainn an fód, ag marú gach duine de shaighdiúirí Mhéabha.
16. Bhain sé úsáid as an nGa B_____, an claíomh draíochta. Bhain Méabh úsáid as an gc_____.
17. Ansin, bhuail Méabh bob (*she played a trick*) ar Fheardia agus bhí air troid in aghaidh a dhearthár altrama a raibh an-gh_____ aige dó.
18. Throid siad ar feadh trí l_____ is trí o_____ go dtí gur mharaigh Cú Chulainn Feardia. Bhí sé féin g_____ go dona agus croí bhriste.
19. Cheangail Cú Chulainn é féin do chrann ionas go (*so that*) gceapfadh Méabh go raibh sé fós b_____ agus go bhfaigheadh sé bás ina sheasamh ag cosaint Uladh.
20. Fuair sé b_____.
21. Thóg Méabh an tarbh, Donn Cuailgne, agus chuaigh sí ar ais go C_____.
22. Ach nuair a chonaic Donn Cuailgne tarbh Ailill d'ionsaigh sé é (*it attacked it*) agus m_____ sé an Fionnbheannach.
23. Rith Donn Cuailgne leis agus ní fhaca aon duine riamh arís é.
24. Bhí na céadta saighdiúir marbh. Bhí an bheirt laoch ab fhearr in Éirinn agus deartháireacha altrama, Cú Chulainn agus Feardia, marbh de bharr é_____ na banríona Méabh.

Tasc taighde

Mórscéal eile de litríocht na hÉireann
Roghnaigh aon scéal eile ó litríocht na hÉireann agus scríobh **achoimre** *(summary)* ar an scéal nó tarraing **d'úrscéal grafach** *(graphic novel)* **féin** de.

Is féidir leat d'úrscéal grafach féin a tharraingt ó lámh nó dul ar shuíomh ar nós www.rabbitsagainstmagic.com agus ar aghaidh leat!

Coimeád súil amach do scannán nua leis an aisteoir cáiliúil, Michael Fassbender, faoin mórlaoch Cú Chulainn.

Deirtear go mbeidh an scannán á dhéanamh i gContae Chiarraí, áit ar tógadh Fassbender.